JEAN TOULAT
HELDER CAMARA

Jean Toulat

Helder Camara

Zeichen der Hoffnung
und Stein des Anstoßes

VERLAG NEUE STADT
MÜNCHEN · ZÜRICH · WIEN

Ein Buch aus der Reihe: *Zeugen unserer Zeit*

Titel der französischen Originalausgabe: *Dom Helder Camara*

Übertragung ins Deutsche: Stefan Liesenfeld

CIP-Titelaufnahme der Deutschen Bibliothek

Toulat, Jean:

Helder Camara : Zeichen der Hoffnung
und Stein des Anstosses / Jean Toulat.
[Übertr. ins Dt.: Stefan Liesenfeld].
1. Aufl. – München ; Zürich ; Wien :
Verl. Neue Stadt, 1990
(Zeugen unserer Zeit)
Einheitssacht.: Dom Helder Camara ⟨dt.⟩
ISBN 3-87996-255-3

1990, 1. Auflage

Umschlagabbildung: dpa-Color
Satz: MZ-Verlagsdruckerei GmbH, Memmingen
Druck: Schoder Offsetdruck, Gersthofen
ISBN 3-87996-255-3

Vorwort

„Warten Sie mit meiner Biographie, bis ich gestorben bin. Zu Lebzeiten seinen Lebensbericht zu lesen, ist etwa so, als wäre man bei der Enthüllung seines eigenen Denkmals zugegen." Diese Antwort gab Dom Helder Camara im Jahre 1967 dem belgischen Publizisten José de Broucker, der ihm eine Biographie widmen wollte. Schließlich ließ sich der Erzbischof von Recife doch überzeugen, daß ein solches Werk der „gedanklichen Orientierung" förderlich sein könnte.[1]

Als ich zwanzig Jahre später mit einem ähnlichen Anliegen an ihn herantrat, stieß ich auf die gleiche ablehnende Haltung. Doch aufs neue ließ er sich überzeugen, daß sein Zeugnis dienlich sein könnte. Er gab allerdings zu bedenken: „Oft wurden meine Talente, meine Arbeit und meine Aktionen sehr übertrieben dargestellt." Darin liegt ein Stück Wahrheit. Menschen wie Camara gibt es nicht nur in Lateinamerika, viele opfern sich im Verborgenen auf für ihre Brüder und Schwestern. Einige aber haben eine prophetische Berufung und die entsprechenden Gaben. Dom Helder Camara hat eine besondere Ausstrahlungskraft: Er ist Redner, Schauspieler und Dichter zugleich, besitzt einen ausgeprägten Sinn für Gesten, Symbole und Humor, und dies alles verbunden mit der typisch brasilianischen Freundlichkeit. Was sollte einer Veröffentlichung seiner wohlfundierten Ansichten im Wege stehen? Warum sollte man nicht seine Anliegen verbreiten, die eine Antwort geben auf die Nöte und Sehnsüchte unserer Zeit?

Dom Helder Camara ist zur Stimme derer geworden, die keine Stimme haben, zum Anwalt der Dritten Welt in einer Zeit, in der eine tiefe Kluft die reichen von den armen Ländern trennt. Während der Zeit der Diktatur in Brasilien ist er unerschrocken für die Gerechtigkeit eingetreten und hat sich unter Einsatz seines Lebens gegen die Folter gewandt, die in seinem Land fünfzig Jahre lang ein Druckmittel der Regierenden war. Er wurde geehrt für seinen unermüdlichen Kampf gegen den Rüstungswettlauf und die Waffengeschäfte, die Konflikten immer neue Nahrung geben. Er ist das lebendige Symbol jener Gewaltlosigkeit des Evangeliums, die Lech Walesa als „Waffe des 21. Jahrhunderts“ bezeichnet hat. Nicht zuletzt ist Dom Helder ein Mann der Kirche. Er sagt, die Kirche brauche „zugleich eine Bremse und ein Gaspedal“, die Befreiung des Menschen müsse geistlich und weltlich sein, der Kampf müsse seine Kraft aus der Kontemplation schöpfen. Dom Helder Camara ist ein Prophet unserer Zeit.

Diese Biographie beruht auf langjährigen Aufzeichnungen. Von meiner ersten Begegnung mit Dom Helder in Rio de Janeiro im Juli 1963 bis zu unseren letzten Gesprächen im Juli 1987 in Recife hatte ich mehrere Male Gelegenheit, mit ihm zu sprechen, habe Vorträge und Ansprachen von ihm gehört und Bücher von ihm und über ihn gelesen. Eine wertvolle Grundlage für meine Arbeit war auch das Werk *Les conversions d'un évêque. Entretiens avec José de Broucker*, Le Seuil, Paris 1977 (dt.: Dom Helder Camara, Die Bekehrungen eines Bischofs. Aufgezeichnet von José de Broucker, Peter Hammer Verlag, Wuppertal 1978).

Da Dom Helder wie ein guter Pädagoge bei seinen Vorträgen oft dieselben Formulierungen gebraucht – „Ich sage immer dasselbe“, bekennt er –, ist es meist schwierig, *die* Quelle seiner Äußerungen anzugeben, will man nicht gleich ein Dutzend nennen. Wichtiger erscheint mir, das Wort dieses Zeugen des Evangeliums treu wiederzugeben, dessen ganzes Leben ein Wort Gottes an unsere Zeit ist.

Das Kind aus Fortaleza

Fortaleza: Die alte portugiesische Festung aus dem 17. Jahrhundert ist heute Hauptstadt des Staates Ceará im Nordosten Brasiliens. Hier wurde der „Apostel der Armen“ am 7. Februar 1909 geboren. Seine Mutter hätte ihn gern José genannt, doch sein Vater stieß auf einen Namen, an dem er besonderen Gefallen fand: Den Helder, ein Fischereihafen im Norden Hollands. So sollte der Kleine heißen! Dieser Name hatte auch eine symbolische Bedeutung: Die Niederländer nennen einen klaren, wolkenlosen Himmel „helder“.

Der Himmel über dem Haus der Camaras jedoch war eher düster. Der Vater arbeitete als Buchhalter in einer Handelsgesellschaft. Das Einkommen reichte gerade, um die Familie zu ernähren, gelegentlich auch nicht. „Dann rief meine Mutter uns Kinder zusammen: ‚Auf etwas müssen wir verzichten. Wir könnten die Butter oder den Nachtisch streichen.‘ So bezog sie uns in die Entscheidung mit ein.“

Die Mutter wurde im Innern des brasilianischen Nordostens während der großen Dürre von 1877 geboren. Um dem Hungertod zu entgehen, flüchtete die Familie nach Fortaleza. „Meine Eltern hatten dreizehn Kinder, von denen fünf sehr jung starben. In 29 Tagen hat eine Diphtherie-Epidemie sie hinweggerafft. Sicher hätte mich das gleiche Schicksal ereilt, wenn nicht schließlich am 30. Tag der Impfstoff eingetroffen wäre.“

Unterricht im elterlichen Haus

Die erste Schule Helders war das Haus seiner Eltern. Auf dem Land gab es kaum Schulen, und viele blieben Analphabeten. Als französische Vinzentinerinnen nach Fortaleza kamen, wurden sie von den Gläubigen gleich gebeten, sich der Ausbildung der Kinder anzunehmen. Um den Mangel an Schulräumen notdürftig zu überbrücken, gewährte der Staat finanzielle Zuschüsse, so daß Privatlehrer ein größeres Haus beziehen und dort Unterricht erteilen konnten.

Dom Helder erzählt: „Meine Mutter, die als Volksschullehrerin ausgebildet war, hielt im vorderen Teil des Hauses Unterricht, während der andere Teil der Familie vorbehalten blieb. Sie war eine begabte Erzieherin, die mir nicht nur Portugiesisch, sondern auch Grundkenntnisse in Mathematik, Geographie und Geschichte beibrachte. Vor allem aber lernte ich von ihr viel vom Leben. Sie zeichnete sich durch eine geistige Offenheit aus, die für die damalige Zeit außergewöhnlich war. Eines Tages – ich war sechs – zeigte sie auf ihr Gesicht und sagte zu mir: ‚Mein Sohn, du wirst in deinem Leben vielen Menschen begegnen, die dir sagen, das Gesicht sei wirklich von Gott geschaffen.‘ Dann zeigte sie auf ihre Brust: ‚Da wisse man nicht recht ... und von da abwärts sei alles des Teufels. Nein, mein Sohn! Alles, vom Kopf bis zu den Füßen, hat Gott geschaffen.‘ Es war eine vorzügliche Lektion zu einer Zeit, in der Sexualität oft in die Nähe von Sünde gerückt wurde. Daß es in der Welt das Böse und böse Menschen gibt, gründete nach Meinung meiner Mutter vor allem auf der menschlichen Schwäche. Sie sagte mir: ‚Wenn man jemandem, der ein schlechter Mensch zu sein scheint, begegnet und sich bemüht, ihn von innen her kennenzulernen, wird man schließlich entdecken, daß er vor allem schwach ist. Christus selbst hat am Kreuz für seine Henker gebetet: Vater, vergib ihnen, denn sie wissen nicht, was sie tun.‘“

Seine Mutter, die zugleich seine Lehrerin war, bevorzugte ihren Sohn keineswegs, sie verlangte von ihm sogar mehr als von den anderen. „Du solltest ein gutes Beispiel geben“, sagte sie ihm oft. „Eines Tages hatte sie mehr von mir verlangt, als ich leisten konnte. Ich begann zu weinen. Da nahm sie mich aus der Klasse und ging mit mir in unsere Wohnung. Ich fürchtete, zum ersten Mal Schläge zu bekommen. Doch sie sagte: ‚Mein Sohn, entschuldige! Was ich von dir gefordert habe, ging über deine Kräfte.‘ Daß die Mutter ihren Fehler zugeben und um Verzeihung bitten konnte, war für mich eine wichtige Lektion der Demut!“

Als Helder größer wurde, schickte ihn seine Mutter zur weiteren Ausbildung auf eine andere Schule in der Stadt. „Ich hatte dort eine ausgezeichnete Lehrerin. Aber sie konnte nicht unterrichten, ohne auf gewisse ‚erzieherische‘ Mittel zurückzugreifen, besonders auf den Stock. So mußte an manchen Tagen einer von uns einen anderen Schulkameraden abfragen. Wenn der die Fragen nicht beantworten konnte, mußte der Fragesteller ihn mit dem Stock schlagen. Als ein Kamerad auf meine Frage nicht antworten konnte, sagte die Lehrerin zu mir:
– Du weißt, was du zu tun hast.
– Entschuldigen Sie, aber ich kann niemanden schlagen.
– Dann wirst du geschlagen ...
– Das ist mir tausendmal lieber.
Daraufhin brach sie den Unterricht ab. Mein unbeugsamer Widerstand war für sie ein Skandal. Fest entschlossen, mich zu entlassen, suchte sie meine Mutter auf. Sie zogen sich in ein Zimmer zurück und sprachen mehr als eine Stunde miteinander. Als die Lehrerin weggegangen war, sagte meine Mutter, daß sie mich doch behalten werde. Ja, sie habe sogar die Absicht, die Prügelstrafe abzuschaffen.“

Einen Freimaurer zum Vater

„Mein Vater war wegen der Haltung einiger Priester antiklerikal gesinnt, doch keineswegs antireligiös. Ein Beispiel: In unserem Haus hatten wir einen kleinen Familienaltar mit einem großen Kruzifix, einer Marien- und einer Franziskusstatue. Mein Vater, der nicht in die Kirche ging, versammelte dort jeden Abend im Maimonat die Familie zum Rosenkranzgebet. Für den Mann, der an seinem Finger einen Ring mit einem Symbol der Freimaurerei trug, war Gott mehr als der große Architekt."

Sehr früh brachte der kleine Helder seinen Wunsch zum Ausdruck, Priester zu werden. „Eines Tages stellte mir mein Vater, der von diesem Vorhaben wenig erbaut war, die Frage: ‚Weißt du eigentlich, was das bedeutet, Priester zu sein? Priester sein heißt, dem Egoismus abzusagen.' Darauf sprach er über die Eucharistie: ‚Die Eucharistie ist Christus selbst. Die Hände, die Christus berühren, müssen freigebig sein. Ein Priester darf keinen Geiz kennen, er muß im Dienst der anderen stehen.' Mit leuchtenden Augen antwortete ich ihm: ‚Vater, ein solcher Priester will ich werden!' Darauf blickte er mich an und sagte nur: ‚Dann segne dich Gott ...'

Ich habe meinen Vater als aufrichtigen, großzügigen und gerechten Mann in Erinnerung. Von ihm habe ich gelernt, daß man gut sein kann, auch wenn man nicht zur Messe geht, so wie ich später feststellen mußte, daß praktizierende Katholiken durchaus auch Egoisten sein können. Am Ende seines Lebens hat er sich bekehrt, das heißt, er hat begonnen, am kirchlichen Leben teilzunehmen. Aber als eine meiner Schwestern in einen Orden eintreten wollte, weigerte er sich, der Freimaurerei abzuschwören, wie es damals gefordert wurde. ‚Meine Tochter', sagte er zu meiner Schwester, ‚ich will gern zu den Sakramenten gehen und das Glaubensbekenntnis sprechen, aber ich kann nicht der Freimaurerei abschwören, die nie von mir verlangt hat, mich gegen Gott oder gegen die Kirche zu richten.

Das hieße, meine Freunde zu verraten, und mit ihnen das Andenken an meinen Vater und meine ganze Familie.‘ Glücklicherweise fand sich ein verständnisvoller Priester, der keine Aussage gegen die Freimaurerei verlangte, sondern sich mit dem Glaubensbekenntnis zufriedengab.

Ich hatte die Gnade, meinen Vater in meinen Armen sterben zu sehen. Nach einem Sturz von einer Leiter hat er sich nicht mehr erholt. Ich höre ihn noch mit der Hand auf dem Herzen stammeln: ‚Es geschehe der Wille Gottes ... Es geschehe der Wille Gottes.‘ Die Worte erstarben ihm auf den Lippen: ‚Es geschehe ...‘ Darauf verlor er das Bewußtsein. Ich habe den Arzt verständigt und ihm die Sterbesakramente gespendet. Die ganze Nacht über lag er im Koma. Am Morgen, gegen acht Uhr, öffnete er die Augen: ‚Mein Sohn, sag mir, was mir geschehen ist. Sag mir die Wahrheit, mach mir nichts vor ...‘ Ich habe ihm alles erklärt. Ganz ruhig sagte er: ‚Gott hat mir das Leben gegeben, nun nimmt er es ..., um mir ein anderes zu geben.‘ Das waren seine letzten Worte.“

Seine Liebe zum szenischen Theater, die Helder Camara auch für die Gestaltung großer kirchlicher Veranstaltungen zustatten kam, verdankte er nicht zuletzt seinem Vater. Dieser schrieb nebenher Theaterkritiken für die Lokalpresse und nahm Helder gelegentlich zu den Aufführungen mit. Sein Onkel Carlos Camara war Dramaturg: „Ich ging gern zu den Theaterproben. Mein Onkel führte Regie und wählte die Schauspieler aus. Ich hatte das Gefühl, einer Schöpfung beizuwohnen und zitterte vor Ergriffenheit.“

Der junge Helder wuchs in einem frankophilen Klima auf. Französisch war die erste Fremdsprache. „Fortaleza war französisch, nicht englisch geprägt, auch wenn England die Großmacht dieser Epoche war. Lateinamerika fühlt sich insgesamt eher den romanischen Ländern – besonders Frankreich – verbunden als der angelsächsischen Welt. Einer meiner Brüder, Gilbert, hat in mir die Freude am Lesen geweckt und führte mich in die französische Literatur ein. Später, in Rio, las ich Claudel, Péguy und Saint-Exupéry. Zu meiner freudigen Überraschung stellte ich fest, daß ich – ohne es zu wissen – ein Anhänger Teilhards war."

Im Seminar

Mit 14 Jahren trat Helder Camara in ein Jungenkolleg ein. Seine Eltern konnten lediglich die Hälfte des Unterhalts für ihn bezahlen, den Rest steuerte das Päpstliche Werk für geistliche Berufe bei. Er erwies sich als guter Schüler in Latein und Literatur. Mit der Disziplin war es allerdings weniger gut bestellt: Das Schweigen auf den Fluren empfand er als Last; er verstand den Sinn dieser Regel nicht und hielt sich nicht an das Verbot. Das schlug sich in der Note für sein Betragen nieder, und außerdem brachte es ihn um das Recht, einmal im Monat nach Hause zu fahren.

„Meinen Lehrern, Lazaristen des heiligen Vinzenz von Paul, habe ich viel zu verdanken. Mein erster Rektor war ein Holländer, Willem Vassen. Eines Tages verkündete uns dieser Mann, den wir alle schätzten, daß er uns verlassen und in die Mission gehen wolle. Mir wurde die Aufgabe zuteil, ihn im Namen der Schüler zu verabschieden: ‚Reisen Sie ab, Pater, Ihre Söhne schauen auf Sie wie die Kinder der Kreuzfahrer, die ihre Väter aufbrechen sahen ... Wir werden Sie mit unseren Augen begleiten, und unsere Herzen werden bei Ihnen sein.'

Der zweite Rektor war ein Franzose aus Lille, Tobie Dequidt. Er bekam Bücher von französischen Verlegern und erlaubte mir, sie auszupacken und zu lesen. Eines Tages brachte er mir ein Buch, bei dem er einige Seiten mit einer Klammer zusammengeheftet hatte. ‚Diese Seiten liest du nicht, sie sind für dein Alter nicht geeignet.' Ich erwiderte: ‚Herr Rektor, wenn ich das Buch lese und zu diesen Seiten komme, dann wird meine Phantasie den Autor bei weitem überflügeln. Verzeihen Sie, aber ich glaube, es wäre besser, wenn ich das Buch ganz lesen dürfte. Ich könnte gleich danach zu Ihnen kommen, um mit Ihnen darüber zu diskutieren ...' Daraufhin gab er seine Zustimmung."

Eine andere Episode aus seiner Studienzeit, an die sich Dom Helder erinnert: „Im Priesterseminar hatte jeder sein abschließbares Schreibpult, für das es zwei Schlüssel gab, einen für den Seminaristen, den anderen behielt der Rektor. Als ich eines Morgens mein Pult aufschloß, sagte mein Nachbar zu mir: ‚Der Rektor läßt dich wissen, daß du bei ihm nachfragen kannst, wenn du etwas vermissen solltest.' Ich öffnete das Pult und stellte fest, daß Hefte und persönliche Unterlagen fehlten. Doch ich ging nicht zum Rektor. Etwa zwei Wochen verstrichen. Da sprach der Rektor mich an: ‚Ich hatte doch gesagt, daß du zu mir kommen solltest.' – ‚Entschuldigen Sie, Herr Rektor, aber ich hatte nicht den Mut dazu. Denn ich dachte, es wäre höchst peinlich für Sie einzugestehen, daß Sie sich nachts wie ein Dieb an mein Pult herangemacht, es geöffnet und meine Papiere herausgenommen haben. Diese Demütigung wollte ich Ihnen ersparen.' Er war ein bemerkenswerter Mann. Auch diesmal geriet er nicht in Wut, sondern erklärte: ‚Du hast recht ... Du hast recht ... Aber weißt du, daß ich Gedichte in deinem Pult entdeckt habe? Und das ist ein Grund zur Beunruhigung; denn wenn du deiner Phantasie freien Lauf läßt, setzt du dein Priestertum aufs Spiel.'

– Das erstaunt mich, Herr Rektor. Sie sprechen, als wären Sie selbst kein Dichter.

– Woher weißt du das?

– Das ist doch offenkundig: Dieses Gespür für die Natur, für die Kunst ... – das ist doch Poesie.

– Genau deshalb will ich dich schützen! Ich weiß aus Erfahrung, wie schwer es ist, seine Phantasie zu kontrollieren.

– Aber die Phantasie ist doch ein Geschenk Gottes. Sie hilft mir, die Schöpfung tiefer zu verstehen.

– Ich muß dich bitten, bis zu deiner Priesterweihe keine Gedichte mehr zu schreiben!
Ich versprach es ihm. Ich hatte Respekt vor diesem Mann, der lange vor dem Konzil einem jungen Seminaristen gestattete, offen mit ihm zu sprechen."

Wie ausgeprägt die Persönlichkeit des jungen Helder bereits war, davon zeugt auch eine Begebenheit aus dem Jahre 1927. Er war inzwischen 18 Jahre alt und studierte Philosophie. In Fortaleza unterrichtete eine sehr materialistisch eingestellte Frau Philosophie. Als Helder die Aufzeichnungen ihrer Schüler in die Hände kamen, wandte er sich an den Rektor: „Dagegen muß man etwas unternehmen; man muß den Schülern helfen, sich zu wehren!" Der Rektor willigte ein. So schrieb der junge Camara unter dem Pseudonym Alceu da Silveira einen Artikel in der Lokalzeitung. Die Lehrerin antwortete darauf mit einem Gegenartikel. Helders Erwiderung folgte prompt. Dies wiederholte sich drei-, vier-, fünfmal. Eine regelrechte Polemik entstand. Die Stadt nahm regen Anteil an der Affäre, und die Bevölkerung spaltete sich in zwei Lager, die einen waren für die Lehrerin, die anderen für den geheimnisvollen Alceu da Silveira.

Dom Helder erinnert sich: „Eines Tages ließ mich der Generalvikar, Msgr. Tasosa Braga, der im Seminar wohnte, zu sich rufen. Voller Stolz und in der Erwartung, daß er mir gratulieren wollte, ging ich zu ihm. Meine Artikel lagen ausgebreitet auf seinem Schreibtisch.
– Stammen die von dir?
– Gewiß, Vater.
– Nun, dann sollst du wissen, daß du gestern deinen letzten Artikel geschrieben hast.
– Aber Monsignore, das ist doch nicht möglich! Haben Sie das dumme Zeug gelesen, das diese Frau heute in der Zeitung geschrieben hat? Mein Artikel für morgen ist schon fertig. Ich kann Ihnen den gerne zeigen.

– Ich sage noch einmal: Gestern hast du deinen letzten Artikel geschrieben.
Wutentbrannt verließ ich das Zimmer. Ich dachte, daß der Generalvikar nur deshalb so reagiert habe, weil er der Schwager dieser Lehrerin war, deren Ideen ich bekämpfte.

Als ich an der Kapelle vorbeikam, trat ich ein, um ein wenig Ruhe zu finden. Vor einem Bild der Muttergottes betete ich: Meine Mutter, ich gehe von hier erst wieder weg, wenn ich den Frieden gefunden habe. Ich spüre, daß ich vor einer Wegkreuzung stehe. Wenn der Hochmut mich ergreift, könnte ich meine Berufung und vielleicht sogar den Glauben verlieren. – Aber der Sturm ging nicht vorüber. Aufgewühlt ging ich auf und ab. Mehr als eine Stunde verging. Dann kam mir das Evangelium des Tages in den Sinn. Es war der 29. Juli, das Fest der heiligen Marta, zu der Jesus gesagt hatte: ‚Marta, Marta, du machst dir viele Sorgen. Nur eines ist notwendig.' Meine Augen öffneten sich. Ich begriff, daß sich hinter der angeblichen Verteidigung der Wahrheit mein Stolz verbarg.

Vor Freude singend verließ ich die Kapelle. Ich hatte den Frieden wiedergefunden. Draußen erwarteten mich meine Kollegen. Sie hatten eine Demonstration für mich vorbereitet, mit der sie mich gegen den Generalvikar stützen wollten. Schnellstens habe ich sie beruhigt . . . Ich hatte Gott eine Kleinigkeit aufgeopfert, und er hat mir dafür das Hundertfache geschenkt."

Irrtümer der Jugend

Nach achtjähriger Vorbereitung im Kolleg und im Priesterseminar empfing Helder Camara am 15. August 1931, dem Fest der Aufnahme Mariens in den Himmel, die Priesterweihe. Er war erst 22 Jahre alt, so daß man in Rom um eine Sondererlaubnis hatte nachfragen müssen, da das kirchenrechtliche Mindestalter bei 24 Jahren lag.

Der Erzbischof von Fortaleza ernannte ihn zum Seelsorger der Intellektuellen und Arbeiter. Wie seine Mitbrüder war er schlecht auf das Amt vorbereitet. „Man bestellte uns zum Dienst am Volk, nachdem man uns acht, zehn oder zwölf Jahre vom Volk abgesondert hatte. Sogar für die Ferien gab es ein Seminar, damit wir ja ‚behütet' wären.

Unsere Ausbildung war von der Apologetik geprägt; im Vordergrund stand die Verteidigung des Glaubens: Wir konnten sämtliche alten und neuen Häresien auswendig aufsagen; doch als ich das Seminar verließ, hatte ich auf sozialem Gebiet eine ganz und gar einfältige Vorstellung: daß die Welt in zwei entgegengesetzte Lager gespalten sei, den Kommunismus und den Kapitalismus. Der Kommunismus wurde uns nur als eine Ideologie vorgestellt, welche die Religion vernichten und das Privateigentum abschaffen wolle. Der Kapitalismus galt als Verteidiger der christlichen Ordnung. Derart vorbereitet stürzte ich mich dann in mehr als gewagte Abenteuer. 1933 entstand die Integralistische Aktion, die brasilianische Variante des Faschismus Mussolinis und des Nationalsozialismus. Ich fand mich wie von selbst auf ihrer ideologischen Seite; sie gaben sich als spiritualistisch aus und erklärten dem Kommunismus den Krieg. Als Plinio Salgado, der Chef dieser *Ação Integralista*, mich bat, in der Provinz Ceará Sekretär für Erziehungfragen der *Aktion* zu werden, nahm ich, mit vollem Einverständnis meines Bischofs, den Posten an: ‚Ich bin sicher', sagte er mir, ‚daß sich dieser Bewegung viele junge Leute und Arbeiter anschließen werden. Es wird Ihre Aufgabe sein, ihnen zu helfen.' In der Tat stießen viele dazu. Sie hatten Hunger nach einem Wort der Hoffnung und der Liebe und glaubten, in der Verkündigung des Integralismus eine Antwort zu finden. Sie trugen das Grünhemd, leisteten dem ‚Führer' einen Eid und verkündeten stolz ihr Leitwort: Gott, Vaterland und Familie.

Die Kirche richtete ihr besonderes Augenmerk auf die Wahlen des Jahres 1934. Der Erzbischof von Rio de Janeiro, Kardinal Leme, organisierte eine landesweite katholische Wahlliga.

Sie war keine Partei, sondern stellte den Kandidaten ein Programm vor, das Leitlinie ihres Engagements sein sollte. Mein Erzbischof, Dom Manuel da Silva Gomes, bat mich, in Ceará als Wahlhelfer in der Kampagne für die Kandidaten zu arbeiten, die sich das Programm der Liga zu eigen gemacht hatten. Ich gehorchte. Alle Kandidaten, die das Programm unterschrieben hatten, – und nur sie! – wurden gewählt. Der Gouverneur war begeistert. Das hielt mich nicht davon ab, wenig später meine Kündigung einzureichen, denn er mischte sich zu sehr in meinen Bereich, die Erziehungspolitik, ein. Sodann wurde ich nach Rio de Janeiro beordert, diesmal als Staatssekretär für das Erziehungswesen für den gesamten Bundesstaat. Auf diese Weise kam ich 1936 mit 27 Jahren in die Hauptstadt."

Dieser Lebensabschnitt Dom Helder Camaras, der 28 Jahre dauerte, ist in Europa wenig bekannt.

28 Jahre in Rio de Janeiro

Die schönste Bucht der Welt, sagt man, habe der Portugiese Gonzalve Coelho im Januar 1502 entdeckt. Im Glauben, es handle sich um eine Flußmündung, gab er ihr den Namen *Rio de Janeiro*: Januar-Fluß. Bizarre Bergspitzen erheben sich aus einem Teppich tropischer Vegetation, ein Kranz von Inseln wird von blauen Wassern umspült, weißer Schaum umsäumt die Segelschiffe vor der Küste, Gebäude aus Stahl und Glas schillern im Sonnenlicht . . . Dem Auge wird schwindlig bei diesem Schauspiel aus Linien und Farben. Dieser unvergleichliche Ort ist für alle Städteplaner ein Alptraum, sie haben gleich an drei Fronten zu kämpfen: gegen die Berge, das Meer und den Urwald. Der Wald ist zurückgewichen, der Ozean aber fließt nicht zurück, und die Hügel, die wie Zuckerhüte aussehen, lassen sich nicht abtragen. Die Stadt windet sich schlangenförmig zwischen Bergen und Stränden, erklimmt die steilen Hänge und muß sich irgendwie Platz schaffen.

Das berühmteste Viertel, die Copacabana, rollt ihr Band aus weißem Sand in einem weiten Bogen ab, beherrscht von einer Front aus Palästen und Wolkenkratzern. Ein Strand geht in den nächsten über: Gloria, Russel, Flamengo, Botafogo, kleine, bezaubernde Buchten, in welche die Avenues zur Freude der staunenden Touristen einmünden. Wer sich für Geschichte interessiert, wagt sich in die alten Sträßchen mit zahlreichen Klosterbauten aus der Kolonialzeit, mit alten Brunnen aus Stein, deren unaufhörliches Plätschern einem Lied mit endlosen Strophen gleicht.

Kaum ein Besucher verläßt die Metropole, ohne mit der Zahnradbahn, die sich durch die Reste unberührten Urwalds hindurchschlängelt, auf den Gipfel des Corcovado hinaufzufahren, den eine riesige Christusstatue krönt. Dieser Christus ist für Lateinamerika, was für Nordamerika die Freiheitsstatue in New York ist. Worauf blickt der Christus von Corcovado, dessen Arme die Stadt zu umfangen scheinen? Hinter den Palästen und Wolkenkratzern auf den Hängen am Rande der Stadt sieht er düstere Gebilde, die wie Pilze aus dem Boden schießen, die berühmten Favelas, die Wellblech-Städte.

Dom Helder lernte sie erst später näher kennen. Zunächst war er ganz von seinen neuen Aufgaben in Anspruch genommen. „Kardinal Leme hatte mich sehr herzlich empfangen. Er bat mich, den Integralismus aufzugeben. Gern ging ich darauf ein. Meine Sicht der Welt hatte sich verändert.“ In der Behörde für Erziehung, in die Helder Camara berufen worden war, mußte er unter anderem Lehrpläne und Prüfungsmethoden für die öffentlichen Schulen entwickeln. Darüber hinaus beauftragte ihn der Erzbischof mit der Organisation der religiösen Erziehung und der Reform des Katechismusunterrichts. Dom Helder war der Ansicht, diese Aufgaben könnten ebensogut Laien wahrnehmen. Doch erst 1943 erlaubte ihm der Nachfolger des verstorbenen Kardinals Leme, Jaime de Barros Camara, diese Aufgaben anderen anzuvertrauen.

Später ernannte ihn die Regierung zum Mitglied des Obersten Erziehungsrates. In diesem Amt blieb er bis zu seinem Wechsel nach Recife. Alle im strengen Sinn politischen Funktionen, die man ihm antrug, lehnte er entschieden ab: Bürgermeister von Rio de Janeiro, Erziehungsminister im Staat Rio, ja sogar die Vizepräsidentschaft der Republik. Von vielen Seiten wurde dieser engagierte, freundliche Priester umworben.

Dom Helder war überzeugt von der Wichtigkeit der Katholischen Aktion und der Notwendigkeit, sie zu koordinieren. Er schuf ein nationales Sekretariat für die katholische Jugendarbeit, dessen Verantwortlicher er selbst wurde. Es überrascht kaum, daß Kardinal de Barros Camara ihn bat, die Vorbereitungen für das Heilige Jahr von 1950 für ganz Brasilien in die

Hand zu nehmen. So organisierte er eine Vielzahl von Veranstaltungen und Wallfahrten überall im Land – und auch eine Reise nach Rom ...

Rompilger

„Die Regierung stellte mir ein Schiff der Marine, einen Truppentransporter, zur Verfügung. Man hatte mir angeraten, nicht mehr als 800 Personen an Bord gehen zu lassen. Einen Monat vor der Abfahrt waren erst 250 Anmeldungen eingegangen, und dies trotz des äußerst günstigen Preises. Wenn man telefonisch oder telegraphisch bei mir anfragte, ob noch Plätze frei seien, antwortete ich immer mit ja. Im letzten Monat aber stieg die Zahl der Anmeldungen von 250 auf 1.350 an. Nun war es schwierig, den Leuten abzusagen, welche die einmalige Gelegenheit hatten, nach Europa und nach Rom zu reisen. Als wir in Rio ablegten, befanden sich bereits mehr als 800 Personen an Bord dieses Schiffes, das nicht den geringsten Komfort zu bieten hatte.

Bald gab es an Bord Stimmen, die meinten: ‚Wir lehnen es ab, in Salvador und in Recife weitere Passagiere aufzunehmen. Nehmen wir direkten Kurs auf Europa!‘ Ich versammelte die Pilger an Deck: ‚Meine Freunde, wir müssen die Zeichen erkennen, die der Herr uns gibt! Wir haben wohl eher an eine bequeme Reise gedacht, vielleicht sogar an Tourismus. Jetzt aber können wir die Gnade des Herrn erfahren; wir sollten sie nutzen und aus unserer Reise eine wahre Pilgerfahrt machen. Die 21tägige Überfahrt wird uns Opfer abverlangen: Die Betten sind unbequem, und das Essen ist dürftig ... Wann werdet ihr in eurem Leben eine ähnliche Gelegenheit erhalten, ein Opfer zu bringen? Kann man das Heilige Jahr besser leben? Ich mache euch einen Vorschlag: Wir laufen Salvador und Recife an. Wer das Schiff verlassen möchte, kann es dort ohne weiteres tun. Das Geld, das er für die Reise bezahlt hat, wird ihm zurückerstattet. Aber alle, die an Bord bleiben möchten, bitte ich inständig, die Pilger, die in Salvador und Recife zusteigen, wie Brüder zu empfangen. Es sind 500.'"

Offensichtlich konnte er die Leute überzeugen: „Niemand ging in Salvador von Bord. Alle waren einverstanden, die Pilgerfahrt so zu machen, wie der Herr es uns nahelegte. Wir haben uns gut organisiert und ein buntes Programm mit rekreativen Elementen, Liedern und geistlichen Gesprächen zusammengestellt. Nach meiner Ansprache, die für die Pilgerfahrt entscheidend war, kamen fünf Frauen zu mir: ‚Wissen Sie, Dom Helder, wir sind Prostituierte; wir sind hier, weil wir, wie alle anderen, uns diese Gelegenheit, nach Europa und vor allem nach Paris zu kommen, nicht entgehen lassen wollten. Wir hatten vor, diese Reise für unsere Arbeit zu nutzen. Aber jetzt sind wir zu Ihnen gekommen, um Ihnen zu sagen, daß wir tun werden, was Sie sagten. Seien Sie vollkommen unbesorgt.' Da sieht man, welche Überraschungen der Herr uns oft beschert. Seine Wege sind nicht unsere Wege."

Die Brasilianische Bischofskonferenz

Von dieser Romfahrt – es war das erste Mal, daß Dom Helder Brasilien verließ – hat er nicht nur Kardinal de Barros berichtet, sondern auch dem Vertreter des Heiligen Stuhls in Rio, Msgr. Carlo Chiarlo, der ihn sehr schätzte. „Eines Tages ließ er mich rufen, um mir zu sagen: ‚Ein Nuntius ist oft seinen Ratgebern ausgeliefert, und unglücklicherweise habe ich mit meinen keinen guten Griff getan ... Ich bin sicher, daß Sie ein guter Berater wären. Ich bitte Sie, mich jeden Samstag aufzusuchen, um mir bei der Lösung der Probleme hier im Land behilflich zu sein.' Also ging ich jede Woche in die Nuntiatur. Wir sprachen über die Ernennung von Bischöfen. Da der Heilige Stuhl die Zahl der Diözesen und Bischöfe in unserem Land, das groß ist wie ein Kontinent und in dem die Kommunikation schwierig ist, vermehren wollte, sagte ich dem Nuntius: ‚Man bräuchte eine Konferenz der brasilianischen Bischöfe mit einem Sekretariat, das für sie arbeitet. Experten könnten ihre Probleme erörtern und bei der Entscheidungsfindung behilflich sein.'"

Der Nuntius war einverstanden; aber man mußte mit Rom sprechen. Dom Helder hatte bald dazu Gelegenheit. Im Dezember 1950 fand in Rom der Weltkongreß für das Laienapostolat statt. „Gemeinsam mit anderen Vorkämpfern für eine nationale Bischofskonferenz hatte ich 18 Thesen für den Kongreß vorbereitet, die mit der Folgerung schlossen: All das ist unmöglich, solange es keine nationale Bischofskonferenz gibt." Der Nuntius hatte ihm seine Post für den Vatikan anvertraut, um ihm so eine Begegnung mit dem Vertreter des Staatssekretariats, Msgr. Montini, zu ermöglichen. Er hatte auch einen persönlichen Brief beigefügt, in dem er versicherte, daß Dom Helder das Vertrauen der Nuntiatur und des brasilianischen Episkopats genieße.

Nach der Ankunft in Rom überbrachte Dom Helder sogleich die Briefe und seine 18 Thesen. Msgr. Montini versicherte ihm: „Ich werde sie rufen lassen." Für Freitag, 13 Uhr wurde er bestellt. Der zukünftige Papst sagte: „Monsignore [Dom Helder war Päpstlicher Hausprälat], Ihre Idee einer Konferenz der brasilianischen Bischöfe hat mich überzeugt; man muß sie schaffen. Doch ich habe noch einen letzten Zweifel." Dom Helder wurde einer Prüfung unterzogen: „In dieser Bischofskonferenz wären Sie natürlich der Verbindungsmann, Sie nähmen eine Schlüsselposition ein. Doch Sie sind kein Bischof . . ." Dom Helder verstand, daß Msgr. Montini wissen wollte, ob er Ambitionen habe, Bischof zu werden, und antwortete: „Verzeihen Sie, Monsignore, doch Sie selbst sind auch nicht Bischof; dennoch bedient sich der Herr Ihrer als des entscheidenden Bindeglieds zwischen allen Bischöfen der Welt." Giovanni Battista Montini lächelte. Er sah, daß Dom Helder keine Hintergedanken hatte. „Ja", schloß er, „wir werden die Angelegenheit prüfen. Die Konferenz wird zustande kommen."

Ein Jahr danach wurde die Nationale Konferenz der Bischöfe Brasiliens (CNBB) gegründet. Kardinal Motta, der Bischof von São Paulo, wurde ihr Präsident, Dom Helder Generalsekretär. Von 1952 bis zu seinem Wechsel nach Recife im Jahre 1964 blieb er in diesem Amt. Später, als diese Bischofskonferenz sich gut bewährt hatte, regte er die Gründung einer ähnlichen Konferenz für ganz Lateinamerika an. So entstand der Rat der lateinamerikanischen Bischöfe (CELAM). Dom Helder war ein Pionier der Kollegialität in der Kirche.

Besuch beim Präsidenten Vargas

Ein Pastoralbesuch hat sich nachhaltig im Gedächtnis von Dom Helder eingeprägt: sein Besuch beim Präsidenten der Republik, Getúlio Vargas, im Jahre 1954. Es fehlte nicht an Vorwürfen gegen diesen Mann, der seit 20 Jahren das politische Leben Brasiliens beherrschte. Auf jeden Fall hatte er die ersten Sozialgesetze des Landes – für die Arbeiter, die Frauen, die Kinder, die Rentner – in die Wege geleitet, was ihm den Namen „Vater des Volkes“ einbrachte. Aber diese Gesetze hatten die Industriellen gegen ihn aufgebracht. Eine erbitterte Pressekampagne, die von Carlos Lacerdo, dem Gouverneur von Rio, gesteuert wurde, war auf seine Abdankung aus.

Dom Helder spürte, daß sich der Mann bis zur Verzweiflung in die Enge getrieben sah. Er schlug dem Erzbischof vor, mit ihm zusammen dem Präsidenten einen Besuch abzustatten. Der Erzbischof stimmte zu. „Vargas trug eine dunkle Brille; das war nicht seine Gewohnheit. Sicher hatte er geweint. Wie immer in der Stunde des Unglücks hatten sich die falschen Freunde davongemacht. Der Palast war leer. Der Kardinal sagte nur einen Satz: ‚Herr Präsident, ich habe das Bedürfnis verspürt, Sie zu besuchen.‘ Da begann dieser Mann, der immer so wortkarg gewesen war, sich zu öffnen. Eine halbe Stunde lang redete er ohne Unterbrechung. Immer wieder sagte er:

‚Herr Kardinal, ich danke Ihnen von ganzem Herzen. Ich bin kein Mann des Hasses.' Als wir den Palast verließen, sagte ich dem Kardinal: ‚Ich habe das Gefühl, daß Vargas einen Schritt vor dem Tod steht. Der Mann bringt sich um.'"

Vier Tage später, am frühen Morgen des 24. August 1954, verbreitete das Radio die Nachricht, daß sich Getúlio Vargas erschossen hatte. Neben seinem Leichnam fand man einen Zettel mit seinen letzten Worten: „Ein weiteres Mal haben sich die Kräfte und Interessen, die dem Volk feindlich gesinnt sind, gegen mich erhoben . . . Mein Plan bezüglich des Mindesteinkommens hat die Wut der Privilegierten entfesselt . . . Ich antworte auf den Haß mit Vergebung. Ich hatte euch mein Leben gegeben, jetzt biete ich euch meinen Tod an."

Der Internationale Eucharistische Kongreß

1955 sollte in Rio de Janeiro der 36. Internationale Eucharistische Kongreß stattfinden. Diese 1881 entstandene Initiative hatte nach bescheidenen Anfängen einen ungeahnten Aufschwung genommen. Nach Buenos Aires (1934), Manila (1936), Budapest (1938) und Barcelona (1952) war nun Brasilien an der Reihe, diese Feier zu Ehren des eucharistischen Christus zu organisieren. Bei der Suche nach einem Generalsekretär fiel die Wahl auf Dom Helder. 1952 war er, 43jährig, zum Bischof geweiht worden. Im April 1955 wurde er auf Ersuchen des Kardinals de Barros Camara zu dessen Weihbischof ernannt. Es zeichnete sich ab, daß der Kongreß viele Besucher anziehen würde. Aber wie sollte man sie in dieser zwischen Hügeln eingezwängten Stadt unterbringen? Bei der Lösung des Problems kamen die Kreativität und Phantasie Dom Helders voll zur Entfaltung.

Die Regierung plante eine Ausweitung der Stadt und wollte einen Teil der Bucht mit Erde aufschütten, wie man es in Holland und Japan gemacht hatte. Die rechtzeitige Ausführung dieses Plans würde dem Kongreß zugute kommen. Auf dieser künstlichen Halbinsel sollte ein Podium in Form einer Karavelle mit einem riesigen Segel errichtet werden, das an die *Jangada* Alvares Cabrals, des Entdeckers Brasiliens, erinnern und das Schiff Petri, die Kirche, versinnbildlichen sollte. Zusammen mit dem Kardinal, dem Präsidenten des Kongresses, stattete Dom Helder dem Präsidenten der Republik, dem Protestanten Café Filho, einen Besuch ab. Er erklärte ihm die Bedeutung des Kongresses, zu dem Vertreter aus aller Welt erwartet würden. Ohne zu zögern, bot der Präsident seine Mitarbeit an und beauftragte den Diplomaten Coelho de Lisboa, dafür zu sorgen, daß Helder Camara die Türen der Ministerien offenstünden. „Haben Sie noch einen Wunsch?" fragte Café. „Ja, Herr Präsident." Der Generalsekretär legte den Plan dar, von dem er träumte, und der Staatschef gab seine Einwilligung. Die künstliche Halbinsel wurde aufgeschüttet und war rechtzeitig zum Kongreß fertig.

Während die Pilgerfahrt nach Rom durch Verzicht und Armut gekennzeichnet gewesen war, hatte Dom Helder diesmal an nichts gespart. „Ich unterscheide strikt zwischen dem, was meine unbedeutende Person betrifft, und dem, was der Ehre Christi dienen kann. Ich halte es wie der Pfarrer von Ars, der gegen sich selbst äußerst streng, aber zu anderen großzügig war und nie rechnete, wenn es darum ging, den Herrn zu verherrlichen. Aus einer solchen Überlegung heraus sind die Eucharistischen Kongresse entstanden. Da der Sohn Gottes sich verbergen, zu nichts werden und sich ganz von uns Menschen abhängig machen wollte, gefiel mir die Idee eines Kongresses, auf dem Christus durch uns Menschen verherrlicht würde."

Die Veranstaltung war von überwältigender Pracht, ein großartiges, farbenfrohes Schauspiel, wie es die *cariocas*, die Bewohner Rios, lieben. Der französische Prälat Msgr. Vladimir Ghika, der den Kongreß miterlebt hatte, schrieb: „Man sah Menschen zur Beichte gehen auf offener Straße, inmitten der Menge, in der Straßenbahn, in den Boutiquen, auf den Bänken der Promenade ... Ich selbst habe im Musiksalon des Hotels Alvear auf einem Sessel Beichte gehört unter den Klängen eines Zigeuner-Orchesters, das einen ohrenbetäubenden Tango spielte, während auf den Barhockern mondäne Gäste ihren Cocktail tranken ... Die Worte vom ewigen Leben klangen in dieser Umgebung ganz ungewohnt ... Während in der Ferne Nationen einander den Krieg erklärten und fremde Länder besetzt wurden, sah man während dieser unvergeßlichen Tage, wie hier die Zeit der Gnade ausgerufen wurde!"[2]

Beim Abschlußgottesdienst, in Anwesenheit vieler kirchlicher Würdenträger, verlas der Präsident der Republik, Café Filho, den Text der Weihe Brasiliens an das Herz Jesu. Am Abend, nach einer Prozession mit zwei Millionen Kongreßteilnehmern, war unerwartet eine Stimme aus dem Vatikan zu hören. In portugiesischer Sprache erklärte Papst Pius XII. in einer Radiobotschaft: „Am Himmel eures Vaterlandes seht ihr das Kreuz des Südens leuchten, das der Schöpfer scheinen läßt, als wolle es euch beständig daran erinnern, daß ihr ein Land des heiligen Kreuzes seid ..."

Eine Frage von Kardinal Gerlier

Hat das Thema des Kongresses, „Christus, der Erlöser, und sein soziales Reich", die brasilianischen Katholiken davon überzeugt, daß die Ehre, die man der Eucharistie erweist, verlogen klingt, wenn sie nicht begleitet ist von der Ehre für Jesus, der in allen Menschen lebt, besonders in den Armen? „Ein Hügel wurde eingeebnet, damit sich die Pracht des Kongresses frei entfalten konnte", schrieb die Zeitung *La Croix*, „doch was nützt es, einen Hügel einzuebnen, wenn wir in unseren Herzen und in der Welt dem Raum geben, was sich Christus widersetzt: der Sünde?" Ähnlich äußerte sich der päpstliche Legat, Kardinal Gerlier, Erzbischof von Lyon, der mit einigen Kleinen Schwestern Jesu auch eine Favela besucht hatte: „Könnte doch der Kongreß den Völkern helfen, sich von der sozialen Sünde zu befreien, die solches Elend neben einem solchen Reichtum zuläßt!“

Ein Europäer, der im Fernsehen den Karneval von Rio sieht, könnte sich dem Trugschluß hingeben, die Brasilianer hätten nichts als Singen und Tanzen im Kopf. Doch die Wirklichkeit sieht anders aus. Man muß nur einmal oberhalb der luxuriösen Viertel an den Hängen der Hügel jene Hütten aus Brettern und Wellblech besuchen, die in einer einzigen Gewitternacht weggespült werden können. Diese Favelas schießen immer noch wie Pilze aus dem Boden. Vor allem der Zustrom von Emigranten aus dem Nordosten, die der Dürre zu entrinnen suchen, vergrößert sie täglich. Schon 1955 zählte Rio fast 600.000 *favelados*. Um über diese Städte des Elends sprechen zu können, müßte man dort gelebt haben. Renée, eine Französin, die das Leben der 10.000 Bewohner der Favela Mangueira-Babylone geteilt hat, schrieb etwa zur Zeit des Eucharistischen Kongresses in ihr Tagebuch: „Jede Baracke umschließt eine eigene Geschichte des Elends: Diese hier hält nicht mehr lange, weil die Stützen, die sie auf dem Felsen festhalten, verfault sind; jeden Tag ist die Familie von der Katastrophe bedroht. Dort hat Conceiçao die ganze Nacht damit zugebracht, das einzige Bett des Hauses umzustellen, damit ihr Kind nicht allzusehr vom Regen durchnäßt wird. In jener stickigen, wenige Quadratmeter großen Hütte ohne Licht und Fenster bringt Miranda auf einem unwürdigen Haufen Lumpen, der ihr als Bett dient, eine Tochter zur Welt. Und da sie am nächsten Tag nicht zum Markt gehen kann, um dort die Abfälle von Obst und Gemüse aufzusammeln, müssen ihre anderen Kinder hungern.“

Renée hatte in ihrer Baracke ein kleines Medikamenten-Depot eingerichtet. „An manchen Tagen stehen die Leute schon von sieben Uhr an Schlange . . . Die Bewohner der Favelas sind fast alle krank. Viele leiden ständig an Krankheiten wie Wurmbefall, Ruhr, Tuberkulose; dazu kommen Pocken- und Typhusepidemien . . . Neben der medizinischen Betreuung ist das Depot auch ein Ort des Gesprächs. Manchmal, wenn in einer Streitfrage das Urteil eines Unparteiischen gesucht wird, verwandelt sich der Tisch der Krankenschwester in eine Gerichtsbank. Streitigkeiten zwischen Nachbarn sind unvermeidlich in dem Durcheinander, in dem sie leben; doch im allgemeinen erledigt sich alles durch Zeit und Geduld. Jede Not – ob physisch oder moralisch – verlangt eine Lösung der Liebe. Man ist erschüttert von der Spontaneität, die ein so unbegrenztes Vertrauen schafft. Angesichts eines derart großen Elends fühlt man sich von Tag zu Tag mehr beschämt, zur Welt der Reichen gehört zu haben, zur Welt derer, die immer essen können, wenn sie Hunger haben, die in einem Bett schlafen und ausgiebig von kulturellen und geistlichen Werten profitieren. Es wird Zeit, daß wir die Güter dieser Welt gerechter verteilen . . ."

Davon war auch Kardinal Gerlier überzeugt, nachdem er diese Welt des Elends kennengelernt hatte. Unter dem Eindruck seines Besuches in den Favelas wollte er unbedingt die Organisatoren des Kongresses sprechen. Doch Dom Helder war mehr als ausgelastet; neben der Bürde des Kongresses lastete auch noch die Aufgabe auf ihm, die erste Versammlung der lateinamerikanischen Bischöfe vorzubereiten, die unmittelbar im Anschluß an die Feierlichkeiten stattfinden sollte. Dennoch vollbrachte er das Unmögliche und fand einen Augenblick Zeit für die Begegnung mit dem Primas von Frankreich. „‚Ich wollte Ihnen gratulieren!' sagte er mir. ‚Sie haben den Kongreß in einer Weise organisiert, daß er ein voller Erfolg wurde. Da ich eine gewisse Erfahrung mit derartigen Veranstaltungen habe, habe ich gleich vermutet, daß der Kopf eines großen Organisators dahintersteckt. Aber warum stellen Sie dieses Talent, das der Herr Ihnen gegeben hat, nicht in den Dienst der Armen?' Diese Worte trafen mich wie ein Blitz. Ich wurde erschüttert wie Saulus auf dem Weg nach Damaskus, ergriff die Hände des Kardinals, küßte sie und sagte: ‚Alles, was der Herr mir gegeben hat, werde ich in den Dienst der Armen stellen. Von heute an.'"

Der „Kreuzzug des heiligen Sebastian"

Bestärkt durch die Worte von Kardinal Gerlier, ging Dom Helder zu seinem Bischof. Er suchte nach einer Möglichkeit, von nun an in den Favelas zu arbeiten. „Für den Anfang schlug ich ihm vor, das ganze Holz, das für den Eucharistischen Kongreß verwendet worden war, den Obdachlosen zur Verfügung zu stellen. Der Kardinal stimmte zu. Ich versammelte die Leute, die bei der Vorbereitung des Kongresses mitgearbeitet hatten, und wir gründeten den ‚Kreuzzug des heiligen Sebastian'. Diesen Namen wählten wir zu Ehren des Schutzpatrons der Stadt. Aber das Wort Kreuzzug ... Als ich Johannes XXIII. nicht ohne Stolz von diesem Werk erzählte, unterbrach er mich: ‚Man sieht, daß Sie den Nahen Osten nicht kennen. [Der Papst war dort Vertreter des Heiligen Stuhls gewesen.] Sonst hätten Sie diese Bezeichnung nicht gewählt. Diese verfluchten Kreuzzüge haben einen Graben zwischen Christen und Moslems aufgeworfen.'

Vor allem wollten wir die Öffentlichkeit auf die Probleme aufmerksam machen. Für den durchschnittlichen Brasilianer waren die Bewohner der Favelas schlechte Leute, Faulenzer. Über Radio, Fernsehen und Presse habe ich versucht, den Leuten klarzumachen, daß das ein Pauschalurteil sei. Faulenzer gebe es nicht nur in den Favelas, und im allgemeinen seien die *favelados* friedliche Arbeiter. Die unmenschlichen Bedingungen, unter denen sie leben, seien eine kollektive Sünde, an der wir alle Schuld trügen. Mit dem Holz, das vom Kongreß übriggeblieben war und an die Armen verteilt wurde, war nur ein Anfang gemacht. Das Eigentliche blieb noch zu tun: die Favelas durch feste Unterkünfte zu ersetzen. Ich suchte Präsident Kubitschek auf und sagte ihm: ‚Nachdem der Bau der künstlichen Halbinsel für den Kongreß ein Erfolg war, habe ich gedacht, daß man dasselbe auch an anderen Stellen der Bucht machen könnte. Wenn das neu gewonnene Land verkauft würde, könnten mit dem Erlös, falls Sie einverstanden sind, für die Leute aus den Favelas Wohnungen beschafft werden.‘ Er willigte ein. Wir begannen unsere Arbeit in einer der schlimmsten Favelas von Rio, die mitten in einem reichen Stadtviertel lag, der *Praia do Pinto*. Unsere Idee war, die sozialen Schichten einander anzunähern, um den Klassenkampf zu überwinden.“

Teilweise wurden die Pläne verwirklicht. Auf Veranlassung von Dom Helder konnte ich 1963 während meines ersten Besuchs in Rio einige Neubauten besichtigen. In der Nähe des Clubs von Mont-Liban waren zehn Häuser mit 910 Wohnungen gebaut worden. Sie waren auf Pfeilern errichtet, um Raum für Spielplätze zu schaffen, denn von 4.000 Bewohnern waren 1.800 unter 15 Jahren. Es war eine richtige Stadt mit eigener Schule und Kirche, mit einem Markt, Klubs und Lehrwerkstätten. Jede Etage wählte einen Vertreter in den Rat der Mieter, der gewissermaßen die Aufgabe eines Stadtrats hatte. Zwei Ordensfrauen sorgten für die medizinisch-soziale Betreuung.

Als ich 1987 dorthin zurückkehrte, waren diese Gebäude des „Kreuzzugs des heiligen Sebastian“ ganz gewöhnliche Mietshäuser geworden. Was war geschehen? „Wir hatten vorgesehen, jedesmal, wenn eine Familie umgesiedelt war, ihre Hütte in der Favela gleich zerstören zu lassen. Wir wollten dadurch verhindern, daß eine andere Familie ihren Platz einnahm und die Favela fortbestand. Doch die Baracken wurden im selben Augenblick, in dem sie verlassen wurden, schon wieder von neuen Leuten besetzt. Statt kleiner zu werden, wuchsen die Favelas weiter an. Unter diesem Gesichtspunkt war die Initiative ein Mißerfolg. Aber unsere Arbeit hatte auch eine erfreuliche Konsequenz: Die Stadt Rio de Janeiro öffnete die Augen für diese Favelas, und die Verantwortlichen begannen, sich der Sache anzunehmen. Der Gouverneur Carlos Lacerda wählte eine andere Methode als wir: Statt die Familien in unmittelbarer Nähe der Stadt wieder anzusiedeln, ließ er in entlegenen, noch nicht urbanisierten Gebieten Wohnungen bauen. Die Bewohner der feinen Viertel von Praia do Pinto hatten sich nämlich beklagt, daß ihr Stadtteil herunterkomme.“

Die Bank der Vorsehung

Msgr. Helder Camara gründete ein weiteres Werk, das beim Volk großen Anklang fand: die *Banco da Providência*, die Bank der Vorsehung. Diese originelle Bank leiht nicht denen Geld, die Sicherheiten vorweisen können, sondern armen Leuten und solchen, die in Schwierigkeiten geraten sind. Das Werk unterhält eine ganze Reihe weiterer Dienste in den Bereichen Gesundheit und Erziehung, es hilft bei Transporten und bei der Wohnungssuche, leistet Berufsberatung und Rechtsbeistand und vermittelt Stellen an Arbeitslose (allein 1963 konnten 1.500 Arbeitsplätze an Familienväter vermittelt werden). Diese Bank lebt einzig von Spenden. Sie hat bei allen großen Banken ein Konto, auf das viele von deren Kunden ihre Zinsen überweisen. Jedes Jahr kommt ihr der Erlös einer Kirmes, der *Feira da Providência*, zugute, die ganz Rio in Bewegung setzt. Ich habe die letzte *Feira*, die Dom Helder selbst organisierte, besucht. Sie fand mit hunderttausend Besuchern im September 1963 auf dem Gelände eines Jacht-Clubs statt.

Zwei Tage dauerte dieses bunte, geschäftige Treiben mit Ständen der vierzehn brasilianischen Staaten. Da konnte man den Kuskus vom Rio Grande kosten, Schlangenhäute von Mato Grosso oder bemalte Schildkrötenpanzer vom Amazonas kaufen und viele weitere Attraktionen bewundern. Außer den brasilianischen Staaten waren 21 Nationen vertreten, ihr Angebot reichte von chinesischem Porzellan bis zu französischem Champagner. Das Rufen und Schreien wurde noch übertönt durch die Lautsprecherdurchsagen, in denen Werbung gemacht wurde für eine große Lotterie. Man konnte ein Auto oder ein Pferd gewinnen. Mitten in diesem Stimmengewirr eine klare Stimme: „Viele Leute warten draußen und können nicht mehr hereinkommen. Wer drinnen ist, möge so freundlich sein, für sie Platz zu machen.“ Würde diese überschwengliche brasilianische Menge dem Aufruf folgen? Das „Wunder“ kam zustande: Zahlreiche Besucher verließen den Platz, andere traten ein, ohne zu drängeln. Urheber dieser Aktion war der beliebteste Mann von Rio: Dom Helder Camara.

Am Tag darauf traf ich ihn im alten erzbischöflichen Palast Sankt Joachim, in dem er die Büros verschiedener Werke untergebracht hatte. Er war erschöpft, aber glücklich: „Die Kirmes war genau das, wovon ich geträumt hatte: ein ökumenisches Fest, bei dem sich alle sozialen Klassen, alle Rassen und Weltanschauungen brüderlich begegnet sind. Mit Absicht hatte ich einen geschlossenen Club gewählt. An diesem Tag hat er seine Tore geöffnet, und das Volk ist gekommen, das wahre Volk, auch die Leute aus den Favelas. Um sie zu empfangen, waren sogar Botschafterinnen da, die von der Schweiz, eine Reformierte, die japanische, eine Buddhistin, die von Israel, eine Jüdin . . . Selbst die politischen Parteien haben den ‚Gottesfrieden', um den ich gebeten hatte, eingehalten. Die schlimmsten Gegner sind hier zusammengekommen. Diese Tage haben deutlich gemacht, daß Brasilien nach Frieden und Liebe dürstet."

Der Bischof fügte hinzu: „Ich mache mir keine Illusionen. Solche Initiativen, so notwendig sie sein mögen, sind nicht mehr als ein Notbehelf. Die eigentliche Ursache für das Problem der Favelas liegt nicht hier, sondern im ländlichen Milieu. Es ist das Elend, das die Landarbeiter in die großen Städte treibt. In Rio oder São Paulo haben Sie den Eindruck, mitten im 20. Jahrhundert zu sein. Doch das Landesinnere ist auf dem Stand der portugiesischen Kolonialzeit geblieben. Die Landarbeiter haben keine richtigen Häuser. Sie haben nichts zu essen und nichts zum Anziehen. Vor allem fehlt ihnen jede Art von Bildung, und sie müssen ohne Vertrag arbeiten. Es ist ein menschenunwürdiges Lebensniveau. Das Land braucht dringend soziale Reformen."

Die Katholische Aktion

Seine karitativen Aufgaben hinderten Dom Helder nicht daran, sich der Katholischen Aktion zu widmen, deren Generalsekretär er für Brasilien war. Er war maßgeblich beteiligt, als 1948 die Christliche Arbeiterjugend auch in Rio ins Leben gerufen wurde. Dreizehn Jahre später, im November 1961, hatte sich die Bewegung dort so ausgebreitet, daß ihr Weltkongreß in Rio stattfand. 200.000 junge Arbeiter und Arbeiterinnen füllten das größte Stadion der Welt und jubelten ihrem Gründer, Josef Cardijn, zu. Er rief aus: „Wir wollen, daß alle jungen Arbeiter der Erde sich ihrer Würde als Kinder Gottes bewußt werden . . . Unsere Hoffnung ist keine Utopie, denn die Liebe Christi ist in unseren Herzen lebendig. Er ist es, der durch uns die junge Arbeiterschaft der Welt retten will, Menschen aller Rassen und aller Kontinente. Gehen wir voran!“

Unter den Erwachsenen gelang der Katholischen Arbeiterbewegung ein großer Durchbruch. Ihre Vorkämpfer riefen in den einzelnen Stadtvierteln Vereinigungen ins Leben, gründeten Genossenschaften und Zentren für die Volksbildung und engagierten sich in den Gewerkschaften. Gleichzeitig erkannten sie die Notwendigkeit eines vertieften christlichen Lebens. Auch unter den Studenten, die vor allem aus den wohlhabenden Schichten stammten, kam es zu einem Aufbruch. An der katholischen Universität von Rio organisierte die Studentenvertretung eine „Soziale Woche“, was bis dahin undenkbar gewesen wäre. Man rief in einem Manifest zu Solidarität auf: „Weder Kapitalismus noch Kommunismus: Solidarität!“ Der Sauerteig des Evangeliums ging in jenen Zeiten auf. Leider wurde diese Bewegung durch die Revolution der Militärs brutal unterdrückt. Die Stunde rückte näher, in der der Weihbischof Camara Rio verlassen sollte.

Die Trennung

„Am Tag des Festes des heiligen Vinzenz von Paul zelebrierte der Kardinal eine feierliche Messe, in der ich die Predigt über den Heiligen halten sollte. Wir könnten Vinzenz am besten ehren, sagte ich, wenn wir uns fragen würden, was er wohl heute täte. Zu seiner Zeit stellte er sich mit all seiner Intelligenz und aus ganzem Herzen in den Dienst der Armen. Ich sei der Überzeugung, daß er sich heutzutage voll und ganz der Sache der Gerechtigkeit verschreiben würde."

Der Kardinal konnte Dom Helders Ansichten nicht teilen: „Nach meinen Worten hatte der Kardinal das Gefühl, daß es schwierig für uns wäre, den Weg gemeinsam fortzusetzen. Wir sprachen dasselbe Glaubensbekenntnis, aber in den ungelösten sozialen Fragen gingen unsere Auffassungen auseinander. Er meinte, das vorrangige soziale Problem sei der Kampf gegen den Kommunismus. Für mich war es der Kampf gegen die Ungerechtigkeit. Einige Zeit später sagte er mir: ‚Wenn wir gute Freunde bleiben wollen, müssen wir uns trennen, wie es die Apostelgeschichte vom heiligen Paulus und vom heiligen Barnabas berichtet.' Ich dankte ihm für seinen Mut und seine Offenheit und fügte hinzu: ‚Ich gestehe Ihnen vorbehaltlos das Recht zu, darüber mit dem Heiligen Vater zu sprechen. Ich würde keine Einwände erheben, wenn ich in irgendeine andere Diözese versetzt würde.'

Der Nuntius, Msgr. Lombardi, der zu mir wie ein Bruder war und wußte, was es für mich bedeutete, nach 28 Jahren Dienst Rio de Janeiro zu verlassen, mußte die Prozedur in die Wege leiten. Eines Tages erhielt ich eine Anfrage, ob ich bereit wäre, Apostolischer Administrator mit vollen Rechten von Salvador de Bahia zu werden. Ich habe sogleich geantwortet, daß nicht ich darüber zu befinden hätte; der Heilige Vater habe alle Autorität über mich. Doch es gab eine Schwierigkeit: Der Erzbischof von Salvador würde sich damit nur schwer abfinden können. Er fragte sich: Warum wollte man ihn von der Bürde seines Amtes befreien, wo doch an der römischen Kurie betagtere Kardinäle im Amt blieben?“

In dieser Zeit reiste Helder Camara als Mitglied einer Konzilskommission nach Rom. „Es war im März 1964, zwischen zwei Sitzungsperioden des Konzils. Papst Paul VI. war bekümmert; er wollte den Fortgang der Dinge in Salvador nicht vom Zaun brechen. Doch die einzige damals vakante Stelle in Brasilien war die kleine Diözese São-Luis de Maranhao, und für diese wollte er mich nicht ernennen. Ich stellte es ganz ihm anheim: ‚Heiliger Vater, wenn São-Luis de Maranhao die einzige freie Diözese ist, muß man darin die Hand Gottes erkennen. Was mich betrifft, bin ich bereit.‘ Am 15. März um ein Uhr mittags wurde ich also zum Erzbischof von São-Luis ernannt. Es war ein schöner Tag in Rom. Ich war glücklich, denn ich sah in dieser Ernennung den Willen Gottes. Doch um 16 Uhr 30 erhielt ich vom Nuntius ein Telegramm. Er teilte mir mit, daß Dom Carlos Coelho, der Erzbischof von Recife, im Alter von 56 Jahren plötzlich verstorben sei. Am Tag darauf wurde ich zum Heiligen Vater gerufen. Natürlich wußte er vom Tod des Erzbischofs. Der Trauerfall hatte ihn betrübt. Aber, sagte er, Gott weiß auch ein Unglück zum Guten zu wenden. Er sah darin ein Zeichen der Vorsehung, die mich nach Recife rief, und wollte meine Ernennung ohne weitere Verfahren schon am Tag darauf bekanntmachen lassen. ‚Heiliger Vater, Sie haben alle Freiheit, über mich zu verfügen, auch ohne mich um meine Meinung zu fragen. Aber wenn ich so frei sein darf, würde ich darum bitten, daß meine Ernennung nicht morgen verkündet wird. Es ist zu nah am Tod des Erzbischofs.‘ So wurde die Nachricht erst eine Woche später veröffentlicht. Am 12. April übernahm ich den Bischofssitz von Recife.“

Bevor wir Dom Helder nach Recife folgen, wollen wir in einer anderen Stadt verweilen, die in jenen Jahren für ihn wie für die ganze Kirche im Mittelpunkt des Interesses stand: Rom.

Hinter den Kulissen des Konzils

Auf der Liste der Konzilsväter, die sich während der Sitzungen in der Petersbasilika zu Wort gemeldet haben, finden sich die Namen einiger Bischöfe dutzende Male. Nicht ein einziges Mal vernahm die Aula hingegen in den drei Jahren des Zweiten Vatikanischen Konzils, vom 11. Oktober 1962 bis zum 8. Dezember 1965, die Stimme des brasilianischen „Propheten". Und dennoch gehört er zu denen, die das Konzil entscheidend belebt und mitgeprägt haben. Er entfaltete eine ebenso diskrete wie beharrliche Aktivität. Er selbst sagte: „Die inoffiziellen Treffen, in denen Bischöfe aller Kontinente zusammenkamen und brüderlich miteinander redeten, sind ebenso wichtig wie die formellen Debatten in der Basilika."

Das Konzil hatte noch nicht begonnen, da hatte Dom Helder schon einiges unternommen. Er war vier Tage vor der Eröffnung in Rom eingetroffen. Durch seinen Freund, Msgr. Larrain, den Präsidenten des CELAM, hatte er erfahren, daß der Generalsekretär des Konzils, Msgr. Felici, bereits in der Eröffnungssitzung die Konzilsväter über die Zusammensetzung der elf großen Kommissionen abstimmen lassen wollte. Um Zeit zu gewinnen, waren die Listen im voraus vorbereitet worden. Man wollte die Bischöfe bitten, den Vorschlägen des Generalsekretärs zu folgen . . .

Doch ein solches Vorgehen stand im Widerspruch zur Kollegialität der Bischöfe. Nur die Kardinäle konnten gegen das geplante Verfahren Front machen. Larrain und Camara sprachen mit mehreren von ihnen. Schließlich wurde ein Text, an dessen Formulierung vor allem Msgr. Garrone, Msgr. Ancel und Msgr. Larrain beteiligt waren, dem Bischof von Lille, Kardinal

Liénard, übermittelt. Als Mitglied des Konzilspräsidiums schien er der geeignete Mann. Seine aufsehenerregende Intervention vom 13. Oktober in der mit Mitren übersäten Basilika hatte Erfolg: Als die im vorhinein vorbereiteten Listen verteilt wurden und Msgr. Felici das vorgesehene Verfahren erläutert hatte, erhob sich der französische Prälat und stellte den Antrag, die Wahlen zu verschieben. Die Konzilsväter sollten sich zunächst untereinander abstimmen können. Der Antrag wurde angenommen, und die Abstimmung fand erst drei Tage später statt – dank dieses „brüderlichen Komplotts einiger Bischöfe", wie Dom Helder Camara es nannte.

Nach der Eröffnungssitzung luden Dom Helder und Msgr. Larrain noch für denselben Tag zu einem Treffen der Delegierten des CELAM, des lateinamerikanischen Bischofsrates, ein. Um 16 Uhr kamen sie zusammen. „Es ging nicht unbedingt darum, lateinamerikanische Bischöfe für jede der 16 Kommissionen vorzuschlagen. Aber wir wollten überlegen, wer für die eine oder andere Kommission geeignet sein könnte. In den darauffolgenden Tagen nahmen wir Kontakte zu den anderen Bischofskonferenzen auf. So wurden am 16. Oktober die Kommissionen sachkundig gewählt. Auch im weiteren Verlauf des Konzils herrschte immer die Freiheit der Meinungsäußerung."

Warum sollte man diesen fruchtbaren Austausch nicht fortsetzen? dachte Dom Helder. Er schlug eine wöchentliche informelle Zusammenkunft vor, bei der jede Bischofskonferenz durch eines ihrer Mitglieder vertreten sein sollte. Man wollte dem Konzil helfen, auf der Linie der großen Enzykliken weiterzugehen, auf dem Weg, den Johannes XXIII. gebahnt hatte. Einen Ort für eine solche Versammlung fand man im *Domus Mariae*, wo die brasilianischen Bischöfe residierten. Msgr. Felici hatte jedoch seine Bedenken wegen dieser Zusammenkünfte. Der Organisator war ein einfacher Weihbischof. So suchte Dom Helder einen Kardinal als Schirmherrn. Er fand ihn in der Person des Erzbischofs von Mecheln-Brüssel, Kardinal Suenens, einem der vier Moderatoren, die Johannes XXIII.

an die Spitze des Konzils gestellt hatte. Von der Zeit an unterstützte der Primas von Belgien unablässig die Gruppe, die schließlich auch das formelle Einverständnis des Generalsekretärs erlangte. So konnte sie sich während des ganzen Konzils treffen.

Die Gruppe „Kirche der Armen“

Dom Helder war auch die treibende Kraft einer anderen Initiative, der Gruppe „Kirche der Armen“. Etwa fünfzig Bischöfe aus den fünf Kontinenten versammelten sich im Belgischen Kolleg; den Vorsitz führte gewöhnlich Kardinal Gerlier, gelegentlich Patriarch Maximos IV. und auch Kardinal Lercaro von Bologna, den man den „roten Erzbischof“ nannte und für den sich besonders Paul VI. stark gemacht hatte. Verschiedene Themen wurden angeschnitten: die Beziehung zwischen Christus und den Armen, die Pflicht der Kirche, sich an der Armut Christi zu orientieren, die Frage, wie man die Kirche aus ihren Kompromissen mit der Welt befreien könne, auf welche Weise sie in der Welt der Arbeit gegenwärtig sein solle und wie man die Enzyklika *Mater et Magistra* in die Praxis umsetzen könne. Einfachheit, Brüderlichkeit und ein reger Erfahrungsaustausch kennzeichneten diese Begegnungen. Die Bischöfe aus den östlichen Ländern gaben Zeugnis davon, welche positiven Folgen die erzwungene Armut der Kirche indirekt gehabt hatte. Die lateinamerikanischen Bischöfe waren am stärksten vertreten.

Dom Helder, der ein ausgeprägtes Gespür für symbolhafte Zeichen hat, machte den Vorschlag, zu einer der Konzilsversammlungen die Armen von Rom einzuladen und ihnen die Ehrenplätze zu geben. Auf diese Weise würde man die Geste des Diakons Laurentius wiederholen, dem Kaiser Valerian im Jahre 258 befohlen hatte, die Schätze der Kirche offenzulegen. Daraufhin hatte Laurentius 1.500 Arme, für deren Lebensunterhalt die römische Kirche sorgte, auf die Wagen steigen lassen, die für den Transport der kostbaren Gegenstände bereitstanden. Er ließ sie zum Palast bringen und sagte zum Kaiser: „Das sind die Schätze der Kirche ...“

In Erinnerung an die Gespräche von Mecheln, mit denen 1920 die Öffnung der katholischen Kirche für die Ökumene begann, sagte Dom Helder zu Kardinal Suenens: „In Mecheln hat einst Ihr Vorgänger, Kardinal Mercier, den Dialog mit unseren getrennten Brüdern eingeleitet. Eröffnen wir heute einen anderen Dialog, den zwischen der entwickelten und der unterentwickelten Welt. Warum sollten wir nicht eine Zusammenkunft von Bischöfen und Experten aus aller Welt planen, bei der auch der Papst anwesend wäre, etwa in Jerusalem oder Bombay, um das Problem des Elends zu untersuchen und feierlich die Soziallehre der Kirche zu verkünden? Ich denke an eine Art christlichen Bandungs ...“ Im indonesischen Bandung hatten sich 1915 Vertreter der Länder der Dritten Welt versammelt. Dom Helders Plan verwirklichte sich nicht, aber immerhin konnte er mit Freude feststellen, daß Paul VI. beide Städte besuchte, die er genannt hatte: In Jerusalem umarmte der Papst am 5. Januar 1964 den Patriarchen Athenagoras und gab ihm den Bruderkuß zum Zeichen des Friedens zwischen Rom und Byzanz. In Bombay in Indien richtete er am 4. Dezember 1964 einen feierlichen Appell an die Nationen: „Die Nationen sollten den Rüstungswettlauf beenden! Jede Nation sollte wenigstens einen Teil ihrer Militärausgaben einem großen, weltweiten Fonds widmen, der den Entwicklungsländern brüderliche Hilfe gewährt!“ Drei Jahre später, am 6. Januar 1967, schuf Paul VI. die päpstliche Kommission *Iustitia et Pax*, auch eine Frucht der Denkanstöße, die von der Gruppe „Kirche der Armen“ ausgingen.

„Gedankenaustausch mit den Brüdern im Bischofsamt“

Auch zwischen den Sitzungsperioden blieb Dom Helder mit dem Konzil beschäftigt. Im Sommer 1963 richtete er an seine

Kollegen im Bischofsamt eine kleine in französischer Sprache verfaßte Schrift mit dem Titel: „Gedankenaustausch mit den Brüdern im Bischofsamt". Mit Nachdruck bestand er auf der Kollegialität. Als Initiator des CELAM äußerte er den Wunsch, daß alle Kontinente ein ähnliches Koordinationsorgan hätten: Nordamerika, Afrika, Asien, Ozeanien und Europa. „Es wäre absurd, wenn die europäischen Staaten das ‚Wunder' eines gemeinsamen Marktes zustande brächten und die Kirche nicht in der Lage wäre, im alten Europa eine gemeinsame Pastoral auszuarbeiten." In Rom wünschte er anstelle einer Kurie ein Bischofskollegium, das dem Papst zur Seite und in seinem Dienst stehen sollte, einen Senat, „der bei der Leitung der Kirche Christi helfen sollte". Die Einrichtung der Bischofssynode entsprach zum Teil diesem Wunsch.

Er stellte auch die Frage nach der Armut der Kirche. Sind gewisse Güter und große Ländereien in kirchlichem Besitz noch in den Grenzen des Vertretbaren für Menschen, die für andere die Lehre des Evangeliums verkörpern? Mit Blick auf die Reichen verlangte er ohne jede Spur von Haß, daß die Forderungen der kirchlichen Lehre klar dargelegt würden: „Glauben wir etwa, daß wir vor dem höchsten Richter nicht angeklagt werden, wenn wir unbedacht alle möglichen Gelder annehmen und danach alles auf sich beruhen lassen? Man erzählt sich diese Geschichte: Der König von Neapel, der soeben ein Unrecht begangen hatte, gab dem heiligen Franz von Paul einige von seinen Goldstücken. Franz nahm eines, und als er es zerbrach, floß wundersamerweise Blut heraus. Klebt nicht auch an den Gaben, die wir bekommen, Schweiß und Blut?"

Dann sprach er über die Kirchenführer. „Wir, die Exzellenzen, haben exzellente Reformen nötig. Machen wir Schluß mit dem Fürstbischof, der isoliert von seinem Klerus in einem Palast wohnt. Der Priester muß in uns den guten Hirten spüren, den Vater, jemand, der in der Nachfolge dessen steht, der nicht gekommen ist, um bedient zu werden, sondern um zu dienen." Alle haben das Schlagwort von der „dienenden, armen Kirche" auf den Lippen. Setzt die Kirche das wirklich ins Leben um? Dom Helder machte auch einige praktische Vorschläge, die der Einheit mit nichtkatholischen Brüdern dienlich sein sollten: „Unsere persönlichen Titel abschaffen: Eminenz, Hochwürden, Exzellenz; auf Wappen und Insignien verzichten, durch die wir wie Adlige erscheinen; vorsichtig sein mit allen Zeichen von Reichtum: Wozu dienen Schuhe mit silbernen Schnallen? Wozu ein Bischofskreuz und ein Ring aus kostbarem Material?“

Er schlug eine symbolische Geste für die Abschlußzeremonie des Konzils vor: „Wir könnten unsere goldenen und silbernen Bischofskreuze dem Papst zu Füßen legen und dafür Kreuze aus Bronze oder Holz in Empfang nehmen, als Zeichen für den Entschluß, einen einfachen Lebensstil nach dem Evangelium anzunehmen. Dadurch könnten wir, die Bischöfe aus aller Welt, dem Stellvertreter Christi helfen, sich seinerseits von vielem zu befreien. Denn – man muß den Mut haben, das einzugestehen – die Pracht des Vatikans ist ein Stein des Anstoßes. Die Vorsehung hat uns vom Kirchenstaat befreit. Wann wird die Stunde schlagen, in der sich die Kirche Christi wieder zu ‚Frau Armut‘ gesellt?“

Fortschritte auf dem Konzil

In den Medien, für die er ein gesuchter Gesprächspartner war, weitete Dom Helder diese Überlegungen aus. Nach der zweiten Sitzungsperiode hatte die Wochenzeitschrift *Témoignage chrétien* ihn um einen Kommentar gebeten. In der Ausgabe vom 30. Januar 1964 veröffentlichte er einige Vorschläge, die ihm geeignet schienen, die Arbeiten des Konzils zu fördern. Zunächst würdigte er jeweils die bereits gemachten Fortschritte, dann nannte er die Punkte, in denen er sich weitere Bemühungen wünschte.

Er begrüßte zum Beispiel den Mut von Johannes XXIII., am

Vorabend des Konzils eine Reihe von Theologen zu Experten zu ernennen, die auf den „schwarzen Listen“ gestanden hatten. Paul VI. übernahm diese Theologen als Berater. Dom Helder hätte sich noch mehr Laien unter den Experten gewünscht, besonders für die Arbeit am *Schema 13*, das in die Konstitution „Die Kirche in der Welt von heute“ einmündete. Außerdem war ihm daran gelegen, daß den Theologen aus den entwickelten Ländern andere aus der Dritten Welt zur Seite gestellt würden.

Auch Nichtkatholiken waren als Konzilsbeobachter zugelassen worden. Welche Freude war es, in den Mauern von Sankt Peter in Rom auch Anglikaner und Protestanten zu sehen, die zu allen Vollversammlungen Zugang hatten. Warum sollte man nicht eines Tages auch Nichtchristen einladen, Juden, Moslems, Buddhisten? Daß die Beobachter sich in den Vollversammlungen zu Wort melden konnten, war ein Fortschritt. Doch Helder Camara hätte gern die Anwesenheit einer größeren Zahl von Laien gesehen, damit die verschiedenen Berufswelten, Lebensbereiche und Weltregionen besser vertreten wären. Könnten sie nicht außerhalb der Vollversammlungen auch in den Kommissionen angehört werden, in denen die eigentlichen Arbeiten des Konzils stattfanden? „Angehört werden“, denn als Experten hatten sie etwas zu sagen. Warum bezeichnete man sie als „Zuhörer“ und schrieb ihnen so nur eine passive Rolle zu?

Vor Journalisten beglückwünschte Dom Helder Paul VI., der Sohn eines Publizisten war, daß er „der untragbaren Organisation des Pressesekretariats der ersten Sitzungsperiode ein Ende setzte: Die Pressemitteilungen hatten kaum Bedeutung gehabt, ja selbst vor Notlügen hatte man nicht zurückgeschreckt. Jetzt dagegen wurde eine tatsächliche Zusammenfassung der Ereignisse veröffentlicht.“ Daran schloß Dom Helder wieder einige weitergehende Wünsche an: Die Journalisten sollten die Texte der Vorlagen erhalten, und zwar in einer gängigen Sprache, nicht in Latein. Auch bei den Konzilskommissionen sollten Journalisten zugegen sein können. Der Gipfel an Kühnheit war seine Frage, warum nicht einige Journalisten zu den Vollversammlungen zugelassen würden, was sich vielleicht beim Dritten Vatikanischen Konzil realisieren wird ...

Im Laufe der dritten Sitzungsperiode gab er Noël Copin ein Interview (*La Croix*, 13. Oktober 1964), in dem er die Fortschritte der Liturgiereform unterstrich. „Die Liturgie war so sehr an die lateinische Sprache gebunden, daß man in Afrika, Asien und auch in Südamerika den Eindruck hatte, es mit einer europäischen, mit einer römischen Kirche zu tun zu haben. Die Möglichkeit, vor allem die Messe in der Landessprache zu feiern, trägt zu einer Erneuerung der Pfarreien bei. Das Volk, auch die einfachen Leute, können nun den tiefen Sinn des heiligen Opfers erfassen. Oft bekommen wir zu hören: ‚Warum habt ihr uns diese Freude so lange vorenthalten?'" Dann sprach er das *Schema 13* an, das damals in Vorbereitung war: „Am Anfang müßte eine Analyse der ‚Zeichen der Zeit' stehen. Dadurch könnten wir zeigen, daß wir ein wirkliches Interesse an den Problemen der Menschen und der Welt haben und daß es uns in keiner Weise um einen Proselytismus geht."

„Die Welt ist meine Pfarrei", lautet ein Wort von Père Congar. Das Konzil hat diesen Gedanken gewissermaßen illustriert, und auch Dom Helder hat ihn sich zu eigen gemacht. Wer ihn in seinem kahlen Zimmer im Brasilianischen Kolleg besuchte, dessen Blick wurde unwillkürlich auf einen Gegenstand gelenkt: einen Globus. Unser Planet inspirierte ihn zu diesen Versen:

Meine Augen lasse ich schweifen
über die sieben Meere.
Ich horche auf die Kontinente
und beuge mich über jedes Volk.
Ich verstehe alle Sprachen
und umarme die Menschen aller Rassen.
Alle Sehnsucht der Erde

mache ich mir zu eigen,
den entferntesten Völkern
verkünde ich die Botschaft Gottes.
Wenn mir schon mein Globus so viel sagt,
so malerisch erscheint in seinen Farben,
was wird dann wohl der Erdball sein
in den Händen einer Frau,
die aller Menschen Mutter ist,
der Betrübten Trösterin,
der Sünder Zuflucht?[3]

Ich erwähnte Yves Congar. Als der berühmte Theologe und Konzilsberater um ein Urteil über Dom Helder gebeten wurde, sagte er: „Helder Camara hat mich oft durch die Qualität seines Lebens nach dem Evangelium beeindruckt. Er besitzt nichts. Er lebt von nichts. Ich habe mit ihm gefrühstückt: Er ißt weniger als ein Vogel. In seinem Innern brennt ein Feuer. Er gehört nicht mehr sich selbst. Sein Leben ist verschenkt. Helder Camara, wie auch Dom Fragoso, den ich nur durch seine Bücher kenne, sind Menschen Gottes; sie haben sich der Sache der gewaltlosen Revolution verschrieben." Und Congar fügte hinzu: „Dieser Mann hatte einen Sinn fürs Theatralische. Seit der Zeit des Konzils ist er sehr gereift. Seine Vorschläge waren manchmal ein wenig verrückt. Eines Tages erzählte er mir von seinem Wunsch, das Konzil mit einer großen Soirée auf dem Petersplatz enden zu sehen, mit Beiträgen eines Hindu, eines Juden, eines Moslem, eines Protestanten, eines Orthodoxen . . . und des Papstes: eine Art großer Weltliturgie."[4]

Der Abschluß des Konzils

In der Tat stellte sich Dom Helder vor, daß sich die Häupter der großen Religionsfamilien auf dem Petersplatz versammeln und für den Frieden beten sollten. Die Zeit war noch nicht reif.

Aber war sein Traum nicht wie eine Vorankündigung des Treffens in Assisi, wo am 27. Oktober 1986 die Vertreter der großen Religionen zusammenkamen? Auch die Idee für den Besuch von Johannes Paul II. in der römischen Synagoge nahm er in gewisser Weise vorweg, als seine Phantasie dem Heiligen Vater diese Worte in den Mund legte:

„Großer Rabbiner, hier stehe ich im Namen der katholischen Kirche, um dich um Verzeihung zu bitten. Jahrhunderte hindurch haben wir das Gebot Christi vergessen und der Welt mit der Verfolgung deines Volkes ein trauriges Beispiel gegeben. Auch wenn wir in diesen letzten Jahren Israel unsere Türen und Herzen geöffnet haben, besteht der Skandal fort. Angesichts der Judenverfolgungen haben wir uns manchmal gefragt, ob nicht die traurigen Beispiele von gestern die Idee zu den Verfolgungen von heute gaben. Vergib uns, Rabbiner. Wir haben ein solches Vertrauen in deinen religiösen Geist, daß wir nicht zögern, dich einzuladen, mit uns zu beten, zur Ehre Gottes, für den Frieden in der Welt und für das Glück der Menschen."

Diese Gedanken stammen aus dem Jahre 1963. In ähnlicher Form, wenn auch etwas abgemildert und realistischer, wiederholte er sie zwei Jahre später auf einer Pressekonferenz am Ende des Konzils.

Auf einem Punkt beharrte er nachdrücklich. Im Blick auf die Gegenreformation, die in der katholischen Kirche nach dem Konzil von Trient bestimmend war, rief er aus: „Mögen uns die vier Jahrhunderte reichen, die durch ein *anti* gekennzeichnet waren und im Westen die Theologie in trauriger Weise verkümmern ließen! Wir wünschen eine Theologie, die sich von der Bibel nährt, die aus den tiefen Wassern der Patristik trinkt, die in aller Klarheit den Orientierungen des lebendigen Lehramts folgt, die mit der Liturgie verbunden ist, die fest auf der Erde verwurzelt ist und dabei die Augen für die Raumflüge offen hält . . . Der Moralismus und das allzu juridische Denken haben der Kirche Christi großen Schaden zugefügt. Sie sind verantwortlich dafür, daß viele die Kirche verlassen haben, daß noch mehr gleichgültig geworden sind und diejenigen, die die Kirche mit Wohlwollen betrachten könnten, kein Interesse für sie aufbringen."

Er bringt auch eine Änderung des Kirchenrechts ins Gespräch: „Das göttliche Recht ist offensichtlich heilig und unwandelbar. Aber unser gegenwärtiges Kirchenrecht stützt sich im Grunde auf das römische Recht, das zwar ein Meisterwerk ist, aber ein Meisterwerk des heidnischen Rechts!"

Das Zweite Vatikanische Konzil endete nicht mit der ökumenischen Abschlußzeremonie, die Dom Helder sich ausgemalt hatte. Doch zumindest hatte er, während Johannes XXIII. im Sterben lag, sehen können, wie Katholiken und Protestanten, Juden, Buddhisten und Moslems gleichermaßen ergriffen waren und ihre Gebete vereinigten. Als sich das Konzil dem Ende näherte, träumten einige Bischöfe davon, den Papst, der es, einer Eingebung des Heiligen Geistes folgend, einberufen hatte, in einer Art prophetischer Geste zu ehren: „Viele von uns hatten daran gedacht, sich in der Petersbasilika zu erheben und Johannes XXIII. durch Akklamation zum Heiligen zu ernennen. Wir waren sicher, daß Papst Paul VI. sich mit uns erheben würde. Doch als wir prüften, welche Vorgehensweise richtig wäre, öffneten uns unsere protestantischen Brüder, die als Beobachter zugegen waren, die Augen: ‚Vorsicht! Wenn ihr Johannes XXIII. heiligsprecht, bringt ihr uns damit in Schwierigkeiten. Denn Johannes XXIII. gehört nicht nur euch Katholiken. Er gehört uns allen.'"

Eine gewisse Verwandtschaft zwischen dem „guten Papst Johannes" und dem Bischof der Armen ist nicht zu leugnen: Beiden war die Gutmütigkeit der Menschen vom Lande gemeinsam, eine kindliche Seele und die Gabe eines sympathischen Wesens, so daß manche Msgr. Helder Camara den „Johannes XXIII. des brasilianischen Nordostens" nannten. Als das Konzil zu Ende ging, war er bereits zweieinhalb Jahre Erzbischof von Recife.

Erzbischof von Recife

„Das brasilianische Venedig“ – so wird Recife genannt, das alte Pernambuco, das von Flüssen durchzogen und von Sümpfen umgeben ist. Es wurde von Holländern gegründet, deren Schiff zwischen den Riffen (daher „Recife“) angelegt hatte. Portugiesische Kaufleute siedelten sich in der alten Stadt an, die in der Zeit der aufkommenden Zuckerindustrie die Stadt der „Herren der Mühlen“ wurde. Die Überbleibsel aus der Kolonialzeit, kleine, mit runden Ziegeln bedeckte Häuser, mit viel Gold geschmückte Barockkirchen, stehen im Kontrast zu den Wolkenkratzern der Banken und den modernen Plätzen. Recife ist heute die viertgrößte Stadt Brasiliens und die Hauptstadt des Staates Pernambuco. Viele seiner zwei Millionen Einwohner sind in den *mocambos* zusammengedrängt, Elendsvierteln an den Rändern der Sumpfgebiete. Die Krabben, die sich in den Sumpflöchern vermehren, werden gefangen und gegessen; aus ihren Abfällen ernähren sich wieder neue Krabben. Es ist der „Kreislauf der Krabben“, von dem Josué de Castro, ein Brasilianer aus Recife, spricht. Er machte 1951 in seinem Buch *Geographie des Hungers* die Weltöffentlichkeit auf den Hunger der Völker in der Dritten Welt aufmerksam.

Recife ist die Metropole des brasilianischen Nordosten, des berühmten *nordeste*, der flächenmäßig dreimal so groß ist wie Frankreich und 30 Millionen Einwohner zählt. Dieses Gebiet war als erstes besiedelt worden, es war das Zentrum des kolonialen Reichtums, des intellektuellen und politischen Lebens. Heute ist es der Dürre, dem Hunger und Analphabetentum preisgegeben; es ist eines der größten unterentwickelten Gebiete unseres Planeten.

Der Amtsantritt

In dieser Region wurde der Bischof der Armen, Helder Camara, geboren. Dorthin hat ihn seine Ernennung zum Erzbischof von Olinda und Recife im März 1964 zurückgeführt. Olinda, ein alter portugiesischer Hafen, ist Sitz der ältesten Diözese Brasiliens. 1676 wurde sie eingerichtet. 1918 fügte Rom den Namen von Recife hinzu, der benachbarten Metropole, in welcher der Erzbischof residiert. Als Dom Helder am 12. April auf dem Flughafen von Recife eintraf, bereitete ihm das Volk einen Empfang wie jemandem, den die Vorsehung schickt. Die jubelnde Menge säumte die gesamte Strecke, die er in Begleitung des Gouverneurs Paulo Guerra in einem offenen Wagen zurücklegte, bis hin zum Platz der Unabhängigkeit, wo der Präfekt Agusto Lucena ihm die Schlüssel der Stadt überreichte. „Könnte ich doch alle Herzen öffnen", kommentierte der neue Erzbischof.

Am Tag darauf – es war der Sonntag des guten Hirten – wurde er feierlich in der Kathedrale von Olinda eingeführt. Etwa dreißig Bischöfe, die Autoritäten der Stadt und das Volk hörten aufmerksam seiner programmatischen Antrittsrede zu: „Wer bin ich? Einer aus dem Nordosten, der zu anderen Menschen aus dem Nordosten spricht und die Augen auf Brasilien richtet, auf Lateinamerika und die ganze Welt. Ein menschliches Geschöpf, das sich in seiner Schwäche und Sünde als Bruder aller Menschen sieht. Ein Christ, der sich an Christen wendet, dessen Herz aber offen ist für die Menschen jeder Glaubensrichtung. Katholiken und Nichtkatholiken, Gläubige und Nichtglaubende, hört meinen brüderlichen Gruß. Als Bischof in der Nachfolge Jesu Christi komme ich nicht, um bedient zu werden, sondern um zu dienen. Nehme keiner Anstoß, wenn ich mit Leuten Umgang habe, die als unwürdig oder sündig verurteilt werden. Wer ist kein Sünder? Wundere sich keiner, mich mit Leuten zusammen zu sehen, die man für schädlich oder gefährlich hält, seien es Linke oder Rechte, sei es auf den

Ämtern oder in der Opposition, seien es Konterrevolutionäre oder Revolutionäre. Meine Tür und mein Herz stehen allen offen, allen ohne Ausnahme."

Erklärend fügte er hinzu: „Doch nach dem Beispiel Christi muß ich eine besondere Liebe für die Armen haben. Das Elend ist empörend, entwürdigend. Es richtet das Bild Gottes zugrunde, der in jedem Menschen gegenwärtig ist . . . Ich würde Sie betrügen, wenn ich sagen würde, daß ein wenig Großzügigkeit und soziale Unterstützung ausreichten, das Elend zu besiegen. In Situationen himmelschreiender Not muß man selbstverständlich auch unmittelbare Hilfe leisten. Aber um zu den Wurzeln des Übels vorzustoßen, muß man den Teufelskreis von Unterentwicklung und Elend durchbrechen. Wir können bestimmte Überzeugungen nicht deshalb aufgeben, weil sie auch von Leuten vertreten wurden, die sich getäuscht haben. Haben wir die geistige Offenheit und den Mut, an den richtigen Ideen festzuhalten, auch wenn sie in Worte gefaßt sind, die im Augenblick fast tabu sind: Kultur des Volkes, Erwachen des Gewissens, Selbsthilfe und Entwicklung . . ."

Dies war eine Anspielung auf den Militärputsch, durch den zwölf Tage zuvor der Präsident Goulart entmachtet worden war. Das neue Regime ließ die Leiter der Katholischen Aktion unter dem Vorwand inhaftieren, sie gebrauchten dieselbe Sprache wie die Kommunisten. Hat man nicht auch Dom Helder oft für einen Kommunisten gehalten? „Klagen wir nicht diejenigen des Marxismus an", rief er aus, „die nach Gerechtigkeit dürsten. Ich bekräftige, daß im Nordosten Christus José, Antonio, Severino . . . heißt. *Ecce homo* – Seht den Menschen! Er ist es, der Mensch, der Gerechtigkeit braucht . . . Mögen die erhofften Reformen ohne Verzögerung durchgeführt werden, aber ohne Gewaltanwendung und ohne Zorn, denn die größte Sünde ist der Mangel an Liebe. Gott ist die Liebe."

An der Avenue Rui Barbosa liegt der Palast São José, die erzbischöfliche Residenz. Dort befinden sich alle Einrichtungen der

Diözese: die Verwaltung, die Abteilungen für Seelsorge, Katechese und für Werke der Solidarität, einschließlich der „Bank der Vorsehung“ nach dem Vorbild der Bank in Rio. Dom Helder hat den Palast zu einem offenen Haus gemacht, einer Art Haus des Volkes. Ganze Nachmittage lang empfängt er alle, die mit einem Anliegen zu ihm kommen wollen. „Wenn du eine Sorge hast, dann geh zum Bischof“, sagt ein brasilianisches Sprichwort. In seinem Fall trifft das Sprichwort zu. Alle werden mit dem gleichen Lächeln empfangen, mit demselben Humor, die Armen der Mocambos ebenso wie die Industriellen der Oberschicht, denn „auch die Reichen haben eine Seele“, sagt Dom Helder.

Wenn er eine Pfarrei besucht, gleich in welchem Winkel seiner Erzdiözese, strömt das Volk herbei. Manche Pfarreien sind sehr groß. „Glücklicherweise entdecken unsere Priester, daß eine Pfarrei keine Anhäufung von Individuen ist, sondern aus vielen Gruppen besteht. Jede dieser Gruppen hat führende Männer, die wir auf das Diakonat vorbereiten können.“

Der Bischof hat seine Priester auf eine Pastoral hin orientiert, die sich nicht auf die Pfarrei beschränkt: „Unsere Diözese muß sich als Diözese begreifen, die in der Region, im Land, auf dem Kontinent, in der Welt engagiert ist.“ Dem Erzbischof stand ein Weihbischof helfend zur Seite, Msgr. José Lamartine, der vornehmlich Verwaltungsaufgaben wahrnahm, während Dom Helder vor allem Anstöße für das Leben der Diözese gab. Es war ein harmonisches Duo, das durch den vorzeitigen Tod von Dom José auseinandergerissen wurde. Unmittelbar bevor er starb, hatte er noch ein brasilianisches Lied gesummt: *Segura a mão de Deus, e vai* (Halte die Hand Gottes, und geh)!

Jeden Morgen spricht Dom Helder im Radio Olinda, dem Rundfunksender der Erzdiözese. Er knüpft bei einer Begebenheit des Tages, einem Brief, den er erhalten hat, oder bei einem Gedicht an, um die Botschaft des Evangeliums weiterzugeben: *Wir sind alle Brüder*. Dies kommt bei den einfachen Leuten ebenso an wie bei hohen Persönlichkeiten.

„Ich habe immer treu die Programme von Dom Helder verfolgt", sagte der Präsident Castelo Branco. „Ich erinnere mich an diesen Satz von ihm: Wo der Mensch ist, dort muß die Kirche sein." Der Radiosender unterstützt eine vom Erzbischof gegründete Volksbewegung: *Begegnung von Brüdern*. Männer und Frauen versammeln sich in einem Haus um das Rundfunkgerät, um das Wort Gottes zu hören. Nach der Lesung des Evangeliums lädt Dom Helder seine Zuhörer ein, die Versammlung fortzusetzen. Er schlägt ihnen einen Text vor, an den er zwei Fragen anknüpft: eine zur Vertiefung des Textes selbst, eine andere, die das Evangelium mit ihrem Leben in Verbindung bringen soll. Da kommt das alltägliche Leben mit seinen Leiden, den Ungerechtigkeiten, den Arbeitsbedingungen zur Sprache. So entstehen kirchliche Basisgemeinschaften, die für Dom Helder ein Grund zur Hoffnung sind und auch von den Versammlungen der lateinamerikanischen Bischöfe 1968 in Medellín/Kolumbien und 1978 in Puebla/Mexiko in besonderer Weise empfohlen wurden.

Die Basisgemeinschaften

„Nehmen Sie einen Gemeindepfarrer. Er ist zufrieden, weil sonntags fünf, sechs oder sieben Messen stattfinden und die Kirche jedesmal voll ist. Doch die, die zur Messe kommen, besonders in den großen Städten – sogar in Rom –, machen nur einen kleinen Prozentsatz der Bevölkerung aus. Und die anderen? All die, die nicht zur Kirche gehen? Sie leben in ihren Vierteln, in ihren natürlichen Gemeinschaften. Daher haben wir begonnen, mit diesen Gemeinschaften in Beziehung zu treten. Ordensfrauen, Priester, darunter französische, belgische und deutsche Priester, und vor allem Laien leben mit ihnen zusammen in den gleichen Elendsquartieren und in derselben Unsicherheit, sind wie sie der Gefahr ausgesetzt, vertrieben zu werden. Diesen Männern und Frauen, die zu einem menschlicheren Leben finden wollen, sagen wir: Wir sind nicht da, um euch das Denken abzunehmen, sondern um euch anzuhören und gemeinsam mit euch Wege zu suchen . . . Das Elend ist kein unabänderliches Schicksal. Man muß kämpfen, um dort herauszukommen, denn niemand ist geboren, um Sklave zu sein.

Auch die, die in menschenunwürdigen Verhältnissen leben, sind keine Untermenschen; sie haben einen Kopf zum Denken, einen Mund zum Sprechen, ein Herz zum Lieben. Wenn man in diesen Gruppen die Bibel liest und meditiert, kommt oft das klarste Wort, das offensichtlich am meisten dem Evangelium entspricht, von den Ärmsten, von denen, die nicht einmal lesen können. Oft denke ich an das Wort Jesu: Ich danke dir, Vater, daß du diese Wahrheiten den Großen, den Gebildeten und den Mächtigen verborgen und den Kleinen geoffenbart hast. Wie sie sich ihrer Würde und ihrer Rechte bewußt werden, bezeugen ihre Lieder. Sie singen *Deus não quer isso não* (Nein, Gott will das nicht). Nein, er will nicht die Welt gespalten in solche, die herrschen, und solche, die den Rücken krumm machen. Er will nicht Paläste auf der einen und Favelas auf der anderen Seite. Mit der Zeit nehmen sie gemeinsam ihr Leben in die Hand, damit es menschlicher wird, der Kinder Gottes würdig."

Die SUDENE und die „Bewegung für Basis-Erziehung" (MEB)

Eine Möglichkeit, die Lage der Bevölkerung zu verbessern, ist die wirtschaftliche Entwicklung des Nordostens und die Vermittlung einer elementaren Bildung. Doch die Leitlinien der Regierung in Brasilia gehen nicht in diese Richtung, wie die Geschichte der SUDENE und des MEB zeigen. In der Überzeugung, daß das Elend im Nordosten nicht nur Folge der Dürre sei, luden die Bischöfe im Mai 1959 Mitarbeiter öffentlicher Einrichtungen zu einer Beratung ein. Sie schlugen ihnen vor, ihre bislang über die Region verstreuten Bemühungen zu koordinieren und einen Entwicklungsplan auszuarbeiten. Aus dieser Zusammenkunft, an der Präsident Kubitschek persönlich teilnahm, ging die SUDENE, eine Organisation zum „Studium der Entwicklung des Nordostens“, hervor. Unter der Leitung eines jungen, fähigen Ökonoms, Celso Furtado, begann die Organisation ihre Arbeit: Straßenbau, Wasser- und Stromversorgung, Unterstützung der Industrialisierung und Modernisierung der Landwirtschaft. Auf sozialem Gebiet versuchte sie, die Großgrundbesitzer zu bewegen, den Mindestlohn zu zahlen und einen Teil ihrer ausgedehnten Ländereien an Landarbeiter ohne Grundbesitz abzugeben. Vereinigungen von Familien und Genossenschaften organisierten sich.

Diese Pläne riefen den heftigen Widerstand derer hervor, die ein Interesse an der Erhaltung des *status quo* hatten. Nach der Aprilrevolution von 1964 erreichten sie, daß Furtado seinen Einfluß verlor. Bereits von Rio aus hatte Dom Helder als Sekretär der brasilianischen Bischofskonferenz an der Entstehung der SUDENE mitgewirkt, ein Verbindungsglied zwischen den Bischöfen und der Regierung. In Recife beklagte er die Unterdrückung dieser Organisation, aber er erklärte: „Wir werden weiter für die Förderung und den Aufstieg von Millionen Brasilianern kämpfen. Auf welche Weise? Durch die *Basis-Erziehung*.“

1961 hatte die Bischofskonferenz unter seinem und besonders unter dem Anstoß von Msgr. Tavora die „Bewegung für Basis-Erziehung“ (MEB) geschaffen. Dieser Initiative ging es um eine umfassende Bildung, nicht nur um die Alphabetisierung der Erwachsenen, sondern auch um die Vermittlung von Kenntnissen in der Landwirtschaft, Hygiene, Hauswirtschaft, Staatsbürgerkunde und Katechese. Millionen Menschen haben dadurch eine Gelegenheit erhalten, ein menschlicheres Leben zu führen, sich ihrer Würde und Rechte bewußt zu werden. Viele engagieren sich in Gewerkschaften, in Genossenschaften und Berufsorganisationen und wollen die ungerechten Strukturen umwandeln. Aber diese Strukturen sind langlebig, und die

Kräfte, die für die Erhaltung des Bestehenden kämpfen, sind zäh. So hat die Bewegung ein Lehrbuch erarbeitet, dessen Titel *Leben heißt kämpfen* einem Gedicht des Volkes entnommen ist. Die fünf zuständigen Bischöfe hatten es gelesen und approbiert. Doch als Carlos Lacerda, der Gouverneur von Rio, Kenntnis davon genommen hatte, beurteilte er es als „subversiv“ und ließ es noch in der Druckerei beschlagnahmen. Was war gefährlich an diesem Handbuch? *O Globo*, die große Zeitung der Rechten in Rio, erklärte es am 13. März 1964 mit den Worten von Professor Gudin so: „Leben heißt kämpfen – ein reichlich subversiver Titel! ... Zu erklären, daß jeder Mensch das Recht auf ein anständiges Lebensniveau habe, ist eine Behauptung, die eines Esels würdig ist.“

Das neue Regime bekämpfte nun diese Bewegung. Zahlreiche Rundfunk-Schulen wurden geschlossen, die Leiter verhaftet. Bedeutete dies das Aus für den MEB? Ihr Präsident, Msgr. Tavora, und Dom Helder begaben sich nach Brasilia, wo der Präsident Castelo Branco, der offener war als jene, die ihn an die Macht gebracht hatten, der Bewegung die Erlaubnis gab, ihre Aktion fortzusetzen. Aber für wie lange?

Im Angesicht der Diktatur

Worin bestand eigentlich die Revolution vom 1. April 1964? Sie muß im Zusammenhang mit der Gesamtsituation Lateinamerikas gesehen werden. Zukünftige Historiker mag die Beobachtung überraschen, daß der Kontinent, der die meisten Katholiken zählt, in der zweiten Hälfte des 20. Jahrhunderts ein Land der Unterdrückung war. Es waren keine gottlosen, religionsfeindlichen Despoten wie in einigen Ländern im Osten oder im Fernen Osten, im Gegenteil: Ausgerechnet im Namen der Verteidigung der westlichen Zivilisation und der christlichen Kultur wird (oder wurde) die Kirche verfolgt.

Die Ideologie der „Nationalen Sicherheit"

In Wahrheit orientierten sich die Militärregime, die in Lateinamerika an die Macht kamen, nicht an der christlichen Lehre, sondern an einer Ideologie, die mit dem Schlagwort „Nationale Sicherheit" bezeichnet wird. Sie wurde von dem Schweden Rudolf Kjellemann, einem Vorkämpfer des Pangermanismus, entwickelt, im Kontakt mit dem Nazismus „geschliffen" und von den amerikanischen Militärstäben 1940 während des Krieges benutzt. Diese Doktrin wurde, angepaßt an die lateinamerikanische Situation, auf dem ganzen Kontinent bekannt. Ihr zufolge war die Welt auf unabänderliche Weise in zwei Lager gespalten: in West und Ost, in die freien Staaten und die kommunistischen Staaten. Zwischen diesen Lagern könne es nur einen totalen Kampf geben. In Brasilien war dem Staatsstreich eine ausgedehnte Verleumdungskampagne vorangegangen, in der vor der kommunistischen Gefahr gewarnt wurde. Ein Teil des Klerus, Priester und Bischöfe, war daran beteiligt. Einen extremen Standpunkt nahm Msgr. Sigaud, Erzbischof von Diamantina, ein. Er veröffentlichte einen 102 Fragen umfassenden *Antikommunistischen Katechismus*.

Die Verteidiger der etablierten Ordnung sahen die kommunistische Bedrohung vor allem in den *Ligas camponesas* des Nordostens. Der Gründer dieser Vereinigungen von Bauern und Landarbeitern war ein Rechtsanwalt, Francisco Juliano. Bei der Verteidigung von Bauern war ihm das Ausmaß der Unterdrückung aufgegangen, sie seien wie „eine Masse von Menschen, die durch die Latifundien zermalmt werden wie das Zuckerrohr zwischen den Mühlsteinen". Viele dieser Landarbeiter sind Opfer von Gewalt; selbst vor Morden schrecken die Privatmilizen der Großgrundbesitzer nicht zurück.

Ich hatte Gelegenheit, am 9. September 1963 einem Treffen mit Juliano in Cabo bei Recife beizuwohnen. Auf einer Flugschrift stellte der Führer der Landarbeiter sein Glaubensbekenntnis vor: „Mich dürstet nicht nach Blut, ich habe Hunger nach Gerechtigkeit. Gerechtigkeit, das heißt Land, ein Haus, Brot, Schule. Gerechtigkeit heißt Freiheit." Dieses Thema griff Juliano vor 300 Landarbeitern auf, die sich um die Nationalflagge versammelt hatten. Sie ziert das Motto von Auguste Comte: *Ordnung und Fortschritt*. Juliano sprach von den letzten Wahlen: „Wißt ihr, Kameraden, daß weniger als ein Fünftel unseres Volkes gewählt hat? Warum? Weil die Analphabeten nicht wählen in einem Land, in dem sie 90% der ländlichen Bevölkerung stellen ... Unser Land wird nicht durch Wahlen befreit werden. Es wird befreit durch die Landarbeiter, die kein Land besitzen, durch Studierende, die kein College haben, durch Kinder, die keine Zukunft haben, durch die kleinen Ladenbesitzer, durch die Hausfrauen, durch all die, die ein Herz haben, das fühlt, und einen Mund, der die Worte unserer Nationalhymne singt: Unser Land wird frei sein, oder wir sterben für Brasilien." Nichts erschien unrecht im Programm der *Ligas*; es war das Recht des *campesino* auf ein menschenwürdiges Leben, das sie verteidigten. Und daß die kommunistische Partei sich der Bewegung anschloß, änderte nichts an der Berechtigung ihrer Zielsetzung, war aber eine willkommene Gelegenheit, die *Ligas* als Schreckgespenst hinzustellen.

Der Irrtum des Präsidenten Goulart

Die antikommunistische Offensive war offensichtlich begünstigt worden durch die Erklärungen des seit 1961 amtierenden Präsidenten der Republik, João Goulart. Er war eine seltsame Gestalt, dieser reiche Mann, der von Vargas ein Gefühl der Sympathie für die Massen geerbt hatte. Er wollte die Freundschaft mit den Generälen bewahren, stützte sich aber gleichzeitig auf die einfachen Soldaten; er wollte mit den Unternehmern im Gespräch bleiben, setzte aber zugleich auf die Arbeiter.

Eines Tages hielt er eine berühmte „Rede an die Unteroffiziere", die von allen Radio- und Fernsehsendern ausgestrahlt wurde. Als Dom Helder sie hörte, war er zutiefst beunruhigt. Es handelte sich nicht so sehr um ein ernsthaftes Reformprogramm als vielmehr um eine Art sentimentaler linker Einstellung, die ein Eingreifen der Militärs geradezu heraufbeschwor. Als Generalsekretär der Brasilianischen Bischofskonferenz stimmte sich Dom Helder mit deren Präsidenten, Kardinal Motta, Erzbischof von São Paulo, ab. Beide waren der Meinung, daß man sich dringend mit dem Staatschef treffen müßte, um ihn zu warnen und zu verhindern, daß er sich auf ein Abenteuer einließ. Präsident Goulart empfing sie in seinem Arbeitszimmer. Man kam überein, daß diese Begegnung streng vertraulich bleiben sollte. „Doch am Ende des gemeinsamen Essens trat ein Fotograf hinzu und machte eine Aufnahme von uns. Wir protestierten. João Goulart schwor, daß dieses Foto ausschließlich für sein Privatarchiv bestimmt sei. Doch einige

Tage später erschien das Foto in der Presse. Kurze Zeit darauf haben die Militärs die Macht ergriffen. So wurde der Eindruck erweckt, wir hätten den Präsidenten aufgesucht, um ihn zu stützen, wo wir ihm doch die Augen hatten öffnen wollen. Der Kardinal und ich dementierten nicht: Wenn ein Mensch am Boden liegt, ist das nicht der Augenblick, ihn zu vernichten."

Der Staatsstreich

Am 1. April inszenierten die Generäle den Putsch. Ihr Slogan hieß: „Kommunisten raus!" Wie reagierte die Kirche? Die Bischofskonferenz versammelte sich vom 27. bis 29. Mai in Rio und veröffentlichte eine Erklärung. Helder Camara war noch Generalsekretär der Bischofskonferenz, in der es zwei gegensätzliche Strömungen gab. Die erste, die zweifelsohne bei weitem in der Mehrheit war, gratulierte den Militärs, die Nation gerettet zu haben: „Die Kräfte der Armee haben rechtzeitig auf die Besorgnis des brasilianischen Volkes reagiert, das ansehen mußte, wie der Kommunismus immer entschiedener auf die Eroberung der Macht zusteuerte. Durch ihr Eingreifen haben sie das bolschewistische Regime daran gehindert, in unserem Land Fuß zu fassen ... Von einem Ende des Vaterlands zum anderen strömen die Herzen über vor Dankbarkeit gegenüber Gott, daß die bewaffnete Revolution ohne Blutvergießen zu Ende ging ..."

Die zweite Strömung, die in der Minderzahl war, mahnte zur Wachsamkeit, als die Säuberungsaktionen begannen. Man verlangte, „daß die Angeklagten das Recht auf Verteidigung bekämen und nicht Opfer von Haß und Rache würden. Wir können nicht zulassen, daß Bischöfe, Priester, Gläubige oder Organisationen wie die Katholische Aktion oder der MEB von gewissen Elementen, die sich als Verteidiger und Führer des katholischen Gewissens ausgeben, beschuldigt werden, kommunistisch zu sein ... Die Wiederherstellung der sozialen Ordnung wird erst gelingen, wenn die sozialen Ungerechtigkeiten ausgerottet sind."

Es ist nicht schwierig zu erraten, auf welcher Seite Dom Helder stand. Dennoch hält er eine Gewissenserforschung, wobei er sich bemüht, die Ereignisse zu erklären, ohne sie deswegen zu billigen: „Man muß den Mut haben, die Unterlassungssünden zu bekennen, die wir Kirchenmänner begangen haben. Wir waren so sehr um die Erhaltung der Autorität und der sozialen Ordnung besorgt, daß wir unfähig waren, die schrecklichen Ungerechtigkeiten zu sehen, die sich hinter dieser Ordnung verbargen. Wir predigten Geduld, Gehorsam und die Vereinigung der Leiden mit den Leiden Christi. Jede *fazenda*, jeder Großgrundbesitz, hatte eine eigene Kapelle und einen Geistlichen. Die großen Herren und Regierungen waren froh über die Unterstützung durch die Kirche. Wenn sie heute sehen, wie Bischöfe und Priester das Unrecht brandmarken, sind diese in ihren Augen Agitatoren, subversive Kräfte, Umstürzler, und sie beklagen eine marxistische Unterwanderung der Kirche."

In Brasilia regierte nun die „Ordnung". Noch beklemmender wurde die Lage nach dem erneuten Staatsstreich vom 13. Dezember 1968, als die Vertreter der harten Linie von Marschall Costa e Silva die Verordnung des „Institutionellen Aktes Nr. 5" erzwangen, die den Beginn einer echten Diktatur bedeutete: Auflösung des Parlaments, alle Vollmacht für den Diktator, Aufhebung der Rechtssicherheit. Wer des Widerstands verdächtig war – Arbeiter, Landarbeiter, Studenten, Journalisten, Politiker, Kirchenleute –, wurde von den Machthabern genau ins Visier genommen. Auf den geringsten Verdacht antworteten sie mit Inhaftierungen, Gefängnisstrafen, Folter, ja selbst mit Hinrichtungen und Mord. Um die Verdächtigen zu verhaften, drangen die Ordnungskräfte nachts in die Häuser ein wie einst die Gestapo oder führten die Leute auf offener Straße ab. Darin wetteiferten die Bundespolizei, die Polizei jedes der 22 Staaten und die Polizei der drei Waffengattungen des Militärs, Heer, Luftwaffe und Marine. Es gab Einführungskurse über die Methodik, wie sich Geständnisse herbeiführen ließen. Spezialisten, die nur amerikanisch sprachen, wurden hinzugezogen, ebenfalls private Organisationen wie die Todesschwadronen, reinste Mörderbanden. Insgesamt entstand so eine ganze Serie von Brutstätten der Gewalt, die mächtiger waren als die Regierung und einflußreicher als der Präsident Medici, der persönlich ein Gegner der Folter war.

Der Mord an Pater Neto

Helder Camara war eine bevorzugte Zielscheibe für die Attakken des Regimes. Er wurde durch Drohungen, Briefe und nächtliche Telefonanrufe belästigt. Die Mauern seiner Wohnung waren übersät mit Einschüssen von Maschinengewehren. Eine unbekannte Hand schrieb darauf mit Blut die Worte: „Tod dem roten Erzbischof". Aber würde man es wagen, ihn zu beseitigen? Es hieße, ihn zum Märtyrer zu machen und den Unwillen des Volkes auf sich zu ziehen. Man versuchte, ihn durch ein Attentat auf einen seiner engsten Mitarbeiter zu treffen.

Am 27. Mai 1969 wurde sein Sekretär, der 28jährige Pater Antonio Peirera Neto, tot aufgefunden: aufgehängt an einem Baum, mit durchschnittener Kehle, drei Kugeln im Kopf und Spuren zahlreicher Mißhandlungen. Der Mord war das Werk des CCC, des „Kommandos für die Jagd auf die Kommunisten", eine Art brasilianischen Ku-Klux-Klans. Das Begräbnis von Pater Neto war beeindruckend. Auf einer Länge von zehn Kilometern begleiteten trotz strömenden Regens 5.000 Freunde seinen Leichnam, der von Studenten getragen wurde. Mit dem Volk sangen sie: „Es gibt keinen größeren Beweis der Liebe, als sein Leben zu geben für die, die man liebt." Hin und wieder war eine Gruppe versucht, die Gelegenheit zu nutzen und Transparente mit der Aufschrift „Nieder mit der Diktatur!" auszubreiten. Die Polizei eilte herbei, um dies zu unterbinden.

Es kam zu Zusammenstößen. Dom Helder war sofort zur Stelle und konnte die Gemüter beruhigen. Während der Messe erklärte der Erzbischof: „Als Christen folgen wir dem Beispiel Christi und des Märtyrers Stephanus und bitten Gott, den Mördern zu vergeben. Wir wiederholen die Worte Jesu: Sie wissen nicht, was sie tun." Aber sein Protest war entschieden: „Wir schwören, in Treue weiter zu kämpfen für die materielle und geistige Befreiung unseres Volkes." Die Menge antwortete: „Wir schwören es!" Die Brasilianische Bischofskonferenz solidarisierte sich in einer Erklärung voll und ganz mit Helder Camara, ebenso Paul VI., der ein Telegramm schickte. Sie bekundeten ihre Anteilnahme an der Trauer der Familie des Priesters und des Erzbistums von Recife.

Der Anwalt seines Volkes

Während der gesamten Zeit der Diktatur verteidigte Dom Helder nach Kräften sein Volk. Ein Beispiel für seine zahlreichen Eingaben und Stellungnahmen ist sein Brief vom 1. Mai 1971, dem Tag der Arbeit. Dom Helder und sein Weihbischof Dom Lamartine wandten sich in diesem Schreiben an ihre „Brüder im Bischofsamt" und an das „Volk Gottes" ihrer Diözese: „Wir sind Zeugen, daß in unserer Stadt immer häufiger Menschen verschwinden, daß es zu Beschlagnahmungen und Festnahmen kommt, von denen besonders Arbeiter und Studenten betroffen sind. Diejenigen, die den Auftrag zur Festnahme erhalten haben, geben nur selten ihre Identität preis. Ein Haftbefehl wird nie vorgelegt. Man schreitet zu Inhaftierungen in den Wohnungen der Betreffenden. Arbeiter und Arbeiterinnen werden auch während der Arbeitszeit abgeführt, als handle es sich um gefährliche Terroristen ... Man stelle sich das Klima panischer Angst in den Familien vor, die nicht den geringsten Hinweis auf den Verbleib ihrer Lieben erhalten. Als Folge davon irren die Verwandten von einer Dienststelle der Polizei oder Armee zur nächsten, wo sie die Opfer vermuten. Als Hirten, die ihre Verantwortung vor Gott wahrnehmen, machen wir darauf aufmerksam, daß die Anwendung unglaublicher körperlicher und moralischer Folter an der Tagesordnung ist ... Wie lange noch wird man unter dem Vorwand, den Terrorismus zu bekämpfen, terroristische Methoden anwenden, die in uns die Bitte aufkommen lassen, man möge gegenüber den Opfern zumindest das Tierschutzgesetz anwenden?"[5]

Gelegentlich griff Dom Helder auch in konkreten Einzelfällen ein. So am 11. Januar 1973 für einen seiner Mitarbeiter der Diözesan-Bewegung „Begegnung von Brüdern". „Am Montag, den 8. Januar, zwischen 9 Uhr und 9.30 Uhr war João Francisco bei ihm, als vier Männer in Zivil aus einem Auto ohne amtliches Kennzeichen ausstiegen und, ohne ihre Identität preisgeben zu wollen, in das Haus eintraten. Die Maschinengewehre im Anschlag, schrien sie: Waffen und Dokumente her! Die Frau von João, die im siebten Monat schwanger war, wurde von panischer Angst befallen. Sie brach zusammen, was angesichts ihrer Schwangerschaft Anlaß zu großer Sorge gab. Weder die Waffen noch die Dokumente fanden sie. Das Haus wurde von unten bis oben durchsucht. Die Männer füllten einen ganzen Koffer voll mit Büchern und Papieren. João Francisco wurde, die Hände hinter dem Rücken mit Handschellen gefesselt, in einen Wagen gezerrt, umgeben von den vier bewaffneten Männern. Der Weihbischof und ich sind zum Sitz der Sicherheitsbehörde gegangen, doch wir haben keinerlei Informationen erhalten. Ein weiteres Mal beklagen wir das Klima der Unsicherheit und der Unterdrückung, in dem wir leben."[6]

Todesdrohungen

In den Kreisen der Mächtigen des Landes werden viele sich gewünscht haben: Wenn diese Stimme doch für immer zum Schweigen gebracht werden könnte! Wenn die Todesdrohungen, die ihm die Post fast täglich überbringt, doch eines Tages Wirklichkeit würden! Dom Helder war sich bewußt, daß er dasselbe Schicksal wie Gandhi oder Martin Luther King erleiden könnte. Bei einem Aufenthalt in Rom im April 1968 spielte er darauf an: „Es könnte sein, daß dies mein letzter Besuch hier ist." In der Tat wurden mehrere Anschläge auf sein Leben geplant. Msgr. Negreiros von der Erzdiözese Niteroi bekannte, daß er Nachricht von einer Verschwörung gegen Helder Camara erhalten habe. Man plante kein offenes Attentat, sondern wollte ihn wie den argentinischen Bischof Msgr. Angelelli durch einen vorgetäuschten Autounfall aus dem Weg schaffen.

Die Freunde Dom Helders waren beunruhigt, daß er keine besonderen Vorsichtsmaßnahmen traf. „Man sagt mir, es sei unvorsichtig, daß ich selbst die Tür öffne und in das erstbeste Auto steige. John F. Kennedy hatte die stärkste Polizei der Welt; doch dadurch konnte nicht verhindert werden, daß er umgebracht worden ist." Ein andermal fuhr er mit der Hand über seine kahle Stirn und meinte scherzend: „Meine Haare fallen aus. Doch keines fällt ohne die Erlaubnis des Vaters im Himmel." Zu Paul VI., der sich um sein Leben Sorgen machte, sagte er: „Heiliger Vater, ich antworte Ihnen offenen Herzens: Mir scheint, sein Leben für den Frieden in der Welt und für die Verständigung unter den Menschen zu geben, ist eine Gnade, die niemand verdient. Wenn der Herr mir ohne mein Verdienst diese Gnade schenkt, brauche ich mich nicht im geringsten zu sorgen." Als 1980 der Erzbischof von San Salvador ermordet wurde, sagte er: „Oskar Romero hat das Vorrecht verdient, während der Messe getötet zu werden, und so sein Blut mit dem Blut Christi vereint."

Niemand konnte sich der Erwartung hingeben, daß Msgr. Camara sich beugen würde. Man kann die Menschen aus dem Weg räumen, nicht die Ideen. Und seine Ideen verkündete er überall, wo er hinkam. In Brasilien in dem Maße der Möglichkeiten, die man ihm gelassen hatte, in größerer Freiheit jenseits des Ozeans.

Nein zur Folter

Mai 1970. Das Katholische Komitee französischer Intellektueller hat Dom Helder zu einer Konferenz nach Paris eingeladen. Die Organisatoren hatten zunächst den Mutualité-Palast als Konferenzort vorgeschlagen. Doch sehr bald zeigte sich, daß dieses Gebäude viel zu klein war. Sie entschieden sich für den Sportpalast, der trotz seiner 14.000 Plätze nicht groß genug war. Was war der Grund für dieses Interesse? Berichte über Folterungen in Brasilien waren durch die Presse in aller Welt gegangen. Aber der dortige Justizminister dementierte: In Brasilien gebe es weder Folter noch politische Gefangene. Bei den Anschuldigungen handle es sich um eine internationale Verleumdungskampagne, die von subversiven Agenten angezettelt worden sei.

Von Dom Helder erwartete man eine klärende Auskunft über die tatsächliche Lage. Für ihn war es eine Gewissensfrage. Würde er im Ausland die Regierung seines Landes beschuldigen? Würde er, ein Kirchenmann, der jeden Hinterhalt verabscheute, es wagen, gewissen Brüdern im Bischofsamt zu widersprechen, die praktisch der These der Regierung Glauben schenkten? Würde er nicht Gefahr laufen, seine bürgerlichen Rechte zu verlieren? Würde er danach seine Mission als Pilger der Gerechtigkeit und des Friedens in aller Welt fortsetzen können?

Drei Tage durchlebten die Freunde, denen er sich anvertraute, wie José de Broucker, das Drama des Bischofs mit. Während seiner Nachtwachen hat er lange gebetet, bis er sich schließlich entschloß zu reden. Er ist Brasilianer, aber noch mehr ist er Bischof der Weltkirche, Bruder aller Menschen;

mehr als auf die Überlegungen der Menschen kommt es ihm auf die Gedanken Gottes an.

Ein mutiges Wort

15.000 Zuhörer warteten am Abend des 26. Mai im Sportpalast auf Dom Helder. Unter Beifall betrat er die Arena. Wo sonst kräftige Athleten zu sehen sind, stand ein schmächtiger Mann, der es wagte, einer Militärdiktatur die Stirn zu bieten. David gegen Goliath. Von Anfang an war das Publikum gefesselt. „Wenn ich heute abend nicht den Mut hätte, offen und ehrlich zu sagen, was in Brasilien vorgeht, würde ich – dessen bin ich sicher – Ihre Erwartungen enttäuschen. Ich werde also in aller Deutlichkeit und mit großem Ernst reden. Aber verstehen Sie mich recht: In meinem Herzen gibt es nicht die geringste Spur von Haß."

Dieser Anwalt der Menschen begnügte sich nicht mit einer Verurteilung der Folter im allgemeinen. Er nannte konkrete Fälle: Luis Madeiros, einen Studenten aus Recife, hat er im Gefängnis besucht. Seine Glieder waren zerschlagen, die Fingernägel hatte man ihm herausgerissen. Der Mißhandelte vertraute Dom Helder an, daß man seine Genitalien zerquetscht hatte. Voller Entsetzen ging der Erzbischof zum Gouverneur von Pernambuco und brachte seine Empörung zum Ausdruck. Der Kommentar des hohen Funktionärs: „Kennen Sie eine andere Methode, um an die Informationen heranzukommen, die zur Aufrechterhaltung der öffentlichen Ordnung erforderlich sind?" Als ob man unter Folter erzwungenen Geständnissen Glauben schenken könnte!

Das zweite Beispiel: ein junger Dominikaner aus São Paulo, Tito de Alencar, 24 Jahre alt. Die Polizei hatte ihn im November 1969 gefangennehmen lassen, um von ihm irgendwelche Namen zu erhalten. Da er sich weigerte, wurde er verschiedenen Torturen unterzogen: An Händen und Füßen gefesselt, hängte man ihn auf und versetzte ihm Stromstöße. Er kam auf den sogenannten Drachenstuhl, eine Variante des elektrischen Stuhls. Er mußte durch eine Reihe von Soldaten Spießruten laufen, bis er bewußtlos zu Boden fiel. Der Hauptmann Albervaz, einer seiner Folterer, sagte: „Wenn er nicht spricht, werden wir ihn innerlich zerbrechen. Wir erreichen unsere Ziele auch, ohne sichtbare Spuren zu hinterlassen."

So ist die Vernichtung der Persönlichkeit nicht mehr Monopol marxistischer Regime; es gibt sie genauso unter denen, die vorgeben, die Werte des christlichen Westens zu verteidigen. Dom Helder zitiert ein Beispiel psychischer Folter, das Tito selbst in einem Brief an seinen Oberen angeführt hat: „Die Polizisten bekleideten mich mit liturgischen Gewändern, dann mußte ich den Mund öffnen, angeblich, um das Sakrament der Eucharistie zu empfangen. Statt dessen führten sie einen elektrischen Draht in meinen Mund ein. Er ist stark angeschwollen. Sie versuchten, mich wahnsinnig zu machen." Die Angst vor weiteren Sitzungen dieser Art hatte solche Depressionen ausgelöst, daß er einen Selbstmordversuch unternahm. Mit einem Stück Metall, das er von einer Sardinenbüchse abgebrochen hatte, wollte er sich die Schlagader aufschneiden. Als er das Bewußtsein wiedererlangte, lag er in einem Militärkrankenhaus, wo ihn eine Caritas-Schwester pflegte. Dom Arns, der Weihbischof von São Paulo und spätere Kardinal, besuchte ihn an seinem Krankenbett. „Ich bin alles andere als eine Ausnahme", sagte der Dominikaner zu ihm. „Was mir zugestoßen ist, ist die Regel für die politischen Gefangenen. Mehrere sind gestorben. Andere sind taub, unfruchtbar oder verrückt geworden."

Die Sätze von François Mauriac während des Algerienkrieges kommen einem in den Sinn: „Nach 19 Jahrhunderten Christentum sehen die Henker von heute in den Gefolterten nicht Christus. Wie befremdend ist es, daß sie nicht durch die Schreie und das Stöhnen ihrer Opfer seine Stimme durchhören: Das habt ihr *mir* getan."

Mit seiner gewohnten Aufrichtigkeit gibt Dom Helder zu: „Wir Christen müssen anerkennen, daß wir zu Zeiten der Inquisition an Folterungen beteiligt waren. Wenn ich die Folterinstrumente von damals mit denen von heute vergleiche, stoße ich nur auf eine Neuerung: den elektrischen Strom." In seiner Konferenz in Paris lenkte Dom Helder den Blick von den Folterungen auf alle Formen der Gewalt, besonders auf Strukturen des Unrechts, welche die Armen unterdrücken. Rechtfertigt dies den Einsatz von Gewalt? „Ich achte die Menschen, die diesen Weg wählen, aber ich bitte sie, die Folgen ihres Tuns zu überprüfen. Nach einigen Aktionen, wie der Entführung des Botschafters der Vereinigten Staaten in Rio und des japanischen Konsuls, wurden sie festgenommen und gefoltert; sie gaben die Namen ihrer Kameraden preis."

Dom Helder glaubt an die „Gewalt der Friedfertigen", an den Druck der öffentlichen Meinung, an die Möglichkeit, auch auf internationale Organisationen einwirken zu können. So hat der Weltbund der Juristen einen Bericht verfaßt, in dem zwölf politische Gefängnisse in Brasilien aufgezählt werden. Die Folterungen zu beenden, reicht allein nicht. Die Tragödie des Jahrhunderts ist die Unterentwicklung. Die Herausforderung von heute besteht darin, der Ungerechtigkeit und dem Elend von Millionen von Menschen ein Ende zu setzen. Und dieses Elend gibt es auch in den entwickelten Ländern. „Präsident Johnson hat zugegeben, daß in den Vereinigten Staaten 30 Millionen amerikanischer Bürger in einer menschenunwürdigen Situation leben. Und bei Ihnen? Vereinen Sie sich, um die Armen in Ihrem Land zu entdecken ..."

Dom Helders ergreifende Rede hielt die große Zuhörerschaft im Sportpalast in Atem. Sämtliche Medien beschäftigten sich ausführlich damit, einschließlich der Organe der Rechten. Man sprach von einem Propheten, einem Mann wie Mahatma Gandhi und Martin Luther King. Im *Figaro littéraire* war der Satz zu lesen: „Zunächst wäre man versucht zu sagen: ein irregeleiteter Mann in unserer ungerechten Welt; doch sagen wir lieber: ein gerechter Mann in unserer irregeleiteten Welt.“ Am Tag nach der Konferenz, am 27. Mai, nahm in einigen tausend Kilometern Entfernung der brasilianische Episkopat mit überwältigender Mehrheit (159 Ja-Stimmen, 21 Nein-Stimmen und 3 Enthaltungen) ein pastorales Dokument an, in dem unter anderem die Folter gebrandmarkt wurde. Dom Helder war erleichtert, als er bei seiner Ankunft in Stockholm davon erfuhr.

Auch Paul VI. brandmarkt die Folter

Kardinal Roy, Präsident der päpstlichen Kommission *Iustitia et Pax*, hatte Paul VI. ein umfangreiches Dossier zugeleitet, in dem 260 Fälle von Folterungen aufgelistet und genau beschrieben wurden, jeweils mit dem Namen des Gefangenen. Neben den Foltermethoden, die Helder Camara in Paris erwähnt hatte, nennt das Dokument weitere grausame Beispiele: mit Zangen mißhandelte Frauen, simulierte Erschießungskommandos, bei denen über Tonbandaufzeichnungen die Schreie der Todgeweihten eingespielt werden, die Folterung eines Mannes in Anwesenheit seiner Frau und die Vergewaltigung einer Frau vor den Augen ihres Mannes. Die dadurch erpreßten Geständnisse schließen manchmal mit dem Satz: „Diese Erklärung gebe ich aus freiem Willen und ohne physischen Zwang.“

Paul VI. war tief erschüttert. Als er in der Generalaudienz vom 21. Oktober 1970 die Folterungen brandmarkte, sprach er, ohne es namentlich zu nennen, indirekt Brasilien an: „Man redet von der Folter wie von einer Epidemie, die sich in verschiedenen Teilen der Welt ausgebreitet hat. Man sagt, daß sie ihr Zentrum in einem großen Land hat, das sich um wirtschaftlichen und sozialen Fortschritt bemüht und bislang als freies, besonnenes Land betrachtet und geachtet worden ist. Diese Folterungen, das heißt diese grausamen, unmenschlichen Methoden der Polizei, die von den Gefangenen Geständnisse erzwingen will, sind entschieden zu verurteilen. Sie verletzen nicht nur die körperliche Unversehrtheit, sondern auch die Würde der menschlichen Person. Sie zerstören den Sinn und die Autorität der Justiz. Sie rufen unerbittliche Haß- und Rachegefühle wach. Sie müssen gebrandmarkt und abgeschafft werden."

Lebendig begraben

Die Erklärungen von Msgr. Camara in Paris wurden in Brasilien aufmerksam registriert. Nach dieser Verurteilung der Folter wurde eine Kampagne gegen ihn entfesselt. „Msgr. Camara diffamiert Brasilien im Ausland", schrieb der *Jornal da Tarde* von São Paulo. Der Gouverneur der Stadt, Abreu, bezeichnete den Erzbischof als „Fidel Castro in Soutane" und beschuldigte ihn, von den kommunistischen Parteien Europas Gelder zu beziehen. Der Gouverneur von Rio, Carlos Lacerda, stand Abreu mit seinen Vorwürfen nicht nach, und der Schriftsteller Gustavo Corçao machte den Vorschlag, daß der Papst ihm nicht einen Kardinalshut, sondern eine dunkle Mütze mit zwei Löchern für seine Eselsohren aufsetzen sollte . . .

Dom Helder konnte sich nicht zur Wehr setzen: „Mir wurde jede Richtigstellung dieser Verleumdungen von der Presse verwehrt. Schließlich fürchtete man sogar, daß aus mir ein Opfer werde. So wurde es allen Medien untersagt, meinen Namen zu erwähnen. Über zehn Jahre durften die Zeitungen, Rundfunk und Fernsehen keine Information und kein Dokument von mir oder über mich verbreiten. Ich war zum bürgerlichen Tod verurteilt. Ich existierte nicht mehr. Beim Zweiten Vatikanischen Konzil sprachen wir viel von der armen und dienenden Kirche. Ich wußte noch nicht, daß die wahre Armut nicht die war, die wir wählten. Unter Armut verstand ich vor allem, sich des Geldes zu entledigen. Ich begriff nicht, daß der Reichtum, von dem der Herr mich befreien wollte, mein Ansehen war. Ich war in meinem Land sehr geachtet. Ich war ein Vertrauter der Großen gewesen, von Präsidenten und Ministern. In allen Zeitungen und Zeitschriften sprach man von mir, veröffentlichte Fotos; ich machte sehr beliebte Radio- und Fernsehsendungen. Der Herr, der mich und meinen Wunsch nach Armut im tiefsten kannte, hat es auf sich genommen, mich von diesem Reichtum zu befreien. Mit einem Schlag fand ich mich auf dem Nullpunkt, unter Null wieder ..."

Aber aus Verfolgungen kann auch Gutes entstehen. In Brasilien konnte sich diese Stimme nicht mehr zu Wort melden, doch andere Länder wollten Dom Helder hören. Die Rede vom Mai 1970 in Paris war nur einer seiner zahlreichen Vorträge in aller Welt.

„Die Welt ist meine Pfarrei“

„Meine Reisen in die Welt gehen auf das Konzil zurück. Die dort geknüpften Freundschaften haben mir zahlreiche Einladungen eingebracht, im Durchschnitt 24 pro Jahr, was entschieden zuviel ist. Mit Papst Paul VI. bin ich übereingekommen, mich pro Jahr auf fünf große internationale Reisen zu beschränken, bei denen ich jeweils mehrere Länder besuche.“ In erster Linie besucht Dom Helder die Industrieländer: „Ich habe begriffen, daß zur Veränderung der Strukturen, die zwei Drittel der Menschheit erdrücken, eine Sensibilisierung in den reichen Ländern nötig ist; denn ohne eine tiefgreifende Veränderung bei ihnen kann es bei uns keine wirkliche Entwicklung geben.“

So führten ihn seine Reisen in die USA, nach Kanada, Japan und besonders nach Europa ... Gewiß, die Zeitverschiebung, der Klimawechsel, sich sprachlich nicht direkt verständigen zu können, das alles ist nicht leicht. Aber „ich bin in keinem Land der Erde ein Fremder“, sagt Dom Helder, „denn wir haben alle denselben Vater, und ich fühle mich als Bruder jedes Menschen.“

Seine Vorträge kreisen um die Themen Gerechtigkeit und Frieden. Er spricht über die Unterentwicklung, das Ungleichgewicht in den internationalen Handelsbeziehungen, die Überbewaffnung, den Waffenhandel, gewaltlose Aktionen, die Wahrung der Menschenrechte ... Er besitzt kein besonderes Fachwissen, aber seine Erfahrung und Kenntnis des Evangeliums erlauben es ihm, ein moralisches Urteil zu diesen Fragen abzugeben.

Die „Multinationalen“

Eines der Themen, auf die er besonders in den siebziger Jahren häufig zu sprechen kam, sind die multinationalen Konzerne. „Wie für alle anderen kapitalistischen Gesellschaften ist ihr Ziel der größtmögliche Profit. Doch in ihrem Fall wird dieses Gesetz nicht durch die gesellschaftliche Verantwortung gebremst. Wenn die Quellen des Profits erschöpft sind, schließt man den Betrieb und geht anderswohin. Die Entscheidungen fallen fernab von den Betrieben am grünen Tisch, es geht um Betriebsergebnisse und anonyme Zahlen. Fabrikdirektoren, die von den Multis abhängig sind, sagen mir: ‚Wir können nicht das Maß bestimmen, das uns gerecht und menschlich erscheint, weil die wahren Herren anderswo sitzen; man weiß nicht einmal immer genau, wer und wo sie sind.‘ Die Multis sind die wirklichen Mächte von heute, die wirklichen Herren der Welt, stärker als die Staaten selbst.“

Dom Helder nahm an einem Entwicklungsforum in Deutschland teil, zu dem Vertreter von politischen Parteien, der Kirchen, der Universitäten, aber auch von großen deutschen Firmen zusammengekommen waren. Er erklärte, wenn die reichen Länder den Mut hätten, nach den Wurzeln ihres Reichtums zu suchen, stießen sie auf das Elend der Dritten Welt. Ein Jugendlicher erhob sich: „Wir haben hier unter uns Vertreter von drei großen Gesellschaften, der Deutschen Bank, von Mercedes-Benz und Volkswagen. Es wäre sehr aufschlußreich zu erfahren, wieviel diese Gesellschaften in den letzten Jahrzehnten in der Dritten Welt investiert haben und welche Gewinne sie daraus gezogen haben.“ Schweigen auf seiten der Angesprochenen ... Der Wortführer der Jugendlichen fuhr fort: „Uns liegen die Bilanzen dieser Gesellschaften vor ...“ Die Zahlen legten offen, daß die Profite, die man aus dem Engagement in der Dritten Welt gezogen hatte, bei weitem die Investitionssummen übertrafen.

In Zürich zögerte Dom Helder nicht, das Problem der

Schweizer Banken zur Debatte zu stellen. Einige Reiche aus den armen Ländern haben dort eine ganze Anzahl von Bankkonten eingerichtet. „Wissen Sie, daß in diesem Geld die Tränen, der Schweiß und das Blut der Massen aus den unterentwickelten Ländern stecken?" In einer recht unschicklichen Erwiderung glaubte ein Minister der schweizerischen Konföderation den Bischof darauf hinweisen zu müssen, daß „ausländische Redner sich jeder Einmischung in die innenpolitischen Angelegenheiten zu enthalten" hätten. Das Bankgeheimnis muß gewahrt bleiben . . .

In Deutschland und in Schweden hat Dom Helder Jugendliche getroffen, die auf die multinationalen Konzerne, die sich in ihren Ländern ein soziales Image gaben, Druck ausübten. Mit ihrem Geld hatten sie sich Aktien gekauft, was ihnen das Recht gab, an der jährlichen Vollversammlung teilzunehmen. Vor der Versammlung wandten sie sich brieflich an andere Aktionäre: „Wie Sie möchten auch wir den größtmöglichen Gewinn aus dem angelegten Geld ziehen. Aber nicht um jeden Preis, nicht um den Preis der Unterdrückung von Menschen in den Ländern der Dritten Welt. Deshalb laden wir Sie ein, zur Vollversammlung zu kommen und den Informationen, die wir vorlegen werden, Aufmerksamkeit zu schenken . . ." Sehr bald änderten die betroffenen Firmen ihre Satzungen, so daß nur Großaktionäre das Wort ergreifen konnten . . .

Dom Helder hat oft darauf gedrängt, daß kirchliche Institutionen mit Bedacht entschieden, wo sie ihr Geld anlegten. Sie sollten sich gut informieren, wie die zur Verfügung gestellten Gelder verwendet werden und wie eventuelle Gewinne zustande kommen. Diese Empfehlung galt besonders der größten kirchlichen Einrichtung, dem Vatikan, wo Dom Helder das Problem unerschrocken aufwarf.

Oft erklärten sich junge Leute aus Europa, die von seinen Worten getroffen waren, spontan bereit, nach Brasilien zu gehen: „Wir kommen zu Ihnen, um Ihnen zu helfen." – „Bleibt lieber zu Hause", lautet die Antwort des Erzbischofs, „helft euren Landsleuten, sich bewußt zu werden, daß die Wurzeln unserer Notsituation in euren Ländern liegen, in den Herzen, in den Interessen und Praktiken der reichen Nationen. Vor allem muß sich die internationale Handelspolitik verändern. Es muß ein Ende nehmen, daß unsere Rohstoffe, deren Preise in den großen Finanzzentren festgesetzt werden, unter Wert verkauft werden. Wenn man die Summen, die in Lateinamerika investiert werden, mit dem Geld vergleicht, das in die Vereinigten Staaten zurückfließt, gelangt man zu der absurden Feststellung, daß Lateinamerika Nordamerika Hilfe leistet. Der politische Kolonialismus mag der Vergangenheit angehören, der wirtschaftliche Kolonialismus nicht."

Von Chikago nach Carcassone

Nicht nur den großen Themen Gerechtigkeit und Frieden wendet sich Dom Helder zu. In einigen Konferenzen hat er auch speziellere Fragen erörtert: Im belgischen Löwen sprach er über die neue Verantwortung der Theologen. In Chikago stellte er Überlegungen an, wie Thomas von Aquin (der schließlich auch Aristoteles zu „taufen" vermochte) Karl Marx hätte verstehen können. In Bonn und Brüssel sprach er über die Verantwortung der NATO-Staaten. In Manchester beklagte er die „sieben Todsünden unserer Zeit", vom Rassismus bis zur Angst: „Ihr dürft nur eine Sorge haben: die Angst, Diebe zu sein." In Belgien war er wegen der politischen Entwicklung gezwungen, Flamen und Wallonen getrennt zu treffen. Immerhin kam eine gemeinsame Begegnung in Brüssel zustande: die *Sinfonie der beiden Welten*, ein Schauspiel von Maurice Béjart, das von Texten Camaras ausging. In Florenz nahm er an der Abschlußkundgebung eines Demonstrationsmarsches von 50.000 „Jugendlichen für die Dritte Welt" teil. Er spornte sie an, sich in einem friedlichen, aber radikalen Kampf für die Schaffung ausgeglichener Beziehungen zwischen Nord und Süd einzusetzen. An seiner Seite standen zwei andere Propheten unserer Zeit: Frère Roger Schutz, der Prior von Taizé, mit dem er während des Konzils Freundschaft geschlossen hatte, und Raoul Follereau, der Apostel der Leprakranken, der sich an die beiden Großmächte mit den Worten richtete: „Gebt mir das Geld für je einen eurer Bomber, und ich kann alle Leprakranken der Welt behandeln."

Bei der Weltkonferenz über ökumenische Hilfe für Entwicklungsprojekte in Montreux unterstrich Dom Helder die Verantwortung der Christen. Denn die 20% der Bewohner der Erde, die 80% der Ressourcen der Erde in ihren Händen haben, gehören der nördlichen Hemisphäre an und kommen großenteils aus einer christlichen Tradition. „Welchen Eindruck müssen unsere afrikanischen, asiatischen und lateinamerikanischen Brüder vom Christentum haben, wenn der Baum nach seinen Früchten beurteilt werden muß? Trauriger noch: Wir Christen haben der Welt das Schauspiel unserer Kämpfe und Uneinigkeiten geboten und so das ‚nahtlose Gewand' Christi zerteilt . . . Welch wunderbares Zeugnis könnten wir geben, wenn wir gemeinsam die schönen Texte von Medellín (von der Versammlung der lateinamerikanischen Bischöfe) und von Uppsala (von der Versammlung des Ökumenischen Rats der Kirchen) in die Praxis umsetzen würden!"

Im März 1980 war Dom Helder erneut in der Schweiz. Katholische und reformierte Freunde hatten ihn zu einem Vortrag über die ausländischen Saisonarbeiter eingeladen, die nur neun Monate in der Schweiz bleiben können und nicht mit ihren Familien kommen dürfen. „Schweiz, meine liebe Schweiz, ich frage dich: Ist es menschlich, Arbeiter ohne ihre Frauen und Kinder aufzunehmen? . . . Vielleicht wärst du weniger reich, wenn du auch sie einreisen ließest. Doch was ist der Reichtum aus Gold? Geld ist notwendig, aber es setzt voraus, daß man Diener bleibt und nicht zum Herrn wird."

Im darauffolgenden Monat besuchte er Frankreich, wo die Katholische Fürsorge ihn eingeladen hatte zu einer Tagung unter dem Thema „Paris, Heimat oder Exil?" Nach seinem Vortrag machte er den Vorschlag, daß die Aktiven der karitativen Werke das Viertel *Goutte d'or* (Goldtropfen) besuchen sollten, um sich vor Ort ein Bild von der Situation zu machen. *Goldtropfen* – das Wort ruft die berühmten Weinberge in Erinnerung, die einst die Hänge dieses Hügels im Nordosten der Hauptstadt bedeckten. Heute ist die Gegend überwiegend von Einwanderern bewohnt, die unter unwürdigen Bedingungen leben müssen. Dom Helder hat das Viertel besucht. „In einigen Gebäuden war das Wasser abgestellt, Strom und Heizungen waren abgeschaltet. Man wird die Armen, die Emigranten von dort vertreiben, um das Viertel zu erneuern. Nach der Renovierung werden sie die Mieten nicht mehr bezahlen können . . . Überall ein großes Elend!" Der Besuch regte seine poetische Ader an, er schrieb:

Könnten wir doch ohne einen Tropfen Haß sein!
Goutte d'or: Goldtropfen . . .
Könnten wir doch einen Tropfen echten Goldes,
einen Tropfen der Liebe,
hineinfallen lassen in die Menschheit!
Könnten wir doch
unseren Brüdern in diesem Viertel
einen Goldtropfen der Liebe bringen!

Ein erneuter Besuch in Frankreich brachte ihn nach Carcassone, wo man ihm einen großen Empfang bereitete. Der gesamte Stadtrat erwartete den berühmten Redner, die Polizei hatte den Platz vor dem Hotel abgesperrt. Schließlich traf er ein. Ohne Limousine. Ein kleiner, freundlicher Mann mit Baskenmütze und einem großen Wollschal um den Hals. Dom Helder kam zu Fuß. Er nahm die Baskenmütze ab, um den Herrn Bürgermeister zu begrüßen, so wie ein Bauer auf dem Marktplatz seinen Abgeordneten grüßt. Im überfüllten städtischen Theater stellte der Bürgermeister, der sich als „vollkommen agnostisch“ bezeichnete, Dom Helder als einen Propheten unserer Zeit vor . . .

Dom Helder verkündet nicht nur eine Botschaft, er selbst ist eine Botschaft. Er spricht mit seiner ganzen Person: mit den Augen, den Händen, dem Herzen. Er ist von kleiner Statur, ein wenig gebeugt, bekleidet mit seiner sandfarbenen Soutane; die blauen Ringe um die Augen zeugen von Anstrengung. Auf den ersten Blick glaubt man, nur den Schatten eines Mannes vor sich zu haben. Doch wenn er sich dann plötzlich aufrichtet und redet, kommen Worte von Feuer über seine Lippen, das Feuer des Evangeliums. Sie werden untermalt von seinen Gesten, vom Kreisen seiner Hände, den Bewegungen der Arme, dem erhobenen Zeigefinger. Er sagt selbst: „Ich spreche meine eigene Sprache: Die ‚Camara-Sprache‘ besteht aus ein paar Worten, vielen Gesten und meinem ganzen Herzen.“

Die neuen Sklaven

„Der Splitter und der Balken" – Dom Helder kennt das Bild. Wenn er die Mißstände und Fehler der reichen Nationen brandmarkt, vergißt er nicht die Situation in seinem eigenen Land: „In Brasilien stehen wir unter einem internen Kolonialismus. Kleine Gruppen, eine Handvoll Familien machen ihr Glück auf dem Elend von Millionen ihrer Landsleute. Und die Kirche ist mitverantwortlich für diese Situation. Wir waren so damit beschäftigt, die gesellschaftliche Ordnung zu verteidigen, daß wir lange Zeit mit der Macht und den Reichen verbunden blieben. Dies schien uns der beste Weg, um an Mittel zur Unterstützung der Armen zu kommen. Wir sagten ihnen: Geduldet euch, bemüht euch um Gehorsam; die Traurigkeiten dieses Lebens sind nichts, verglichen mit den Freuden der Ewigkeit. Die Komplizenschaft der Gläubigen mit den schrecklichen Ungerechtigkeiten, welche die Armen niederdrückten, brachte Karl Marx zu der Aussage, die Religion sei das ‚Opium des Volkes', wo sie doch eine Kraft zur Befreiung sein müßte."

Dom Helder fährt fort: „Die große soziale Sünde bei uns ist das Drama der Landverteilung. Brasilien, fast so groß wie ein Kontinent, 16mal so groß wie Frankreich, verfügt über die größte Fläche an bebaubarem Land in der Welt. Gleichzeitig ist es das Land der Landlosen, denn der Boden ist im Besitz von nur 8% der Einwohner. Das Geschäft mit dem Boden spielt in unserem Land eine entscheidende Rolle. Große Eigentümer, oft multinationale Firmen, vermarkten riesige Flächen zur Produktion von Exportgütern, nicht dazu, unser Land zu ernähren, das für seine eigene Versorgung Nahrungsmittel importieren muß. Man fördert den Anbau von Soja, das später als Futter für Rinder, Schweine, Hühner, Hunde und Katzen in die USA und nach Europa geht, während man doch allen Kindern Brasiliens Sojamilch geben könnte. Andere Flächen dienen der intensiven Viehzucht, das Fleisch wird exportiert. Die Bauern sagen: Wenn das Rind kommt, geht der Mensch."

Der Erzbischof beklagt, daß die Ausrichtung auf den Export durch das Militärregime weiter verstärkt wurde. „Die Militärs träumten von geradezu pharaonischen Projekten. So begann man mit dem Bau der berühmten Transamazonica, die den riesigen Urwald durchqueren sollte. Noch während der Bauphase wurde der Plan aufgegeben. Die Straße ist heute wieder zur Hälfte von der Vegetation überwuchert. Die Militärs haben riesige Staudämme gebaut, durch die Tausende Hektar fruchtbares Land überschwemmt werden. Mit der deutschen Regierung wurde ein Programm zum Bau von zehn Kernkraftwerken vereinbart. Auf der Insel São Luiz im Nordosten haben sie eine enorme Aluminiumfabrik gebaut, welche die Hälfte der Energie des Staates Maranhão verbraucht, während den kleinen und mittleren Unternehmen der Strom fehlt und die Elektrizität in der Region rationiert wird. Zur Finanzierung der kostspieligen Arbeiten hat sich der Staat in Schulden gestürzt, und zur Schuldentilgung hat er noch mehr Landflächen der Produktion von Exportgütern vorbehalten, auf Kosten der Nahrungsmittelerzeugung."

Die „pistoleiros"

Die Flächen, die von den großen Firmen in Beschlag genommen werden, sind die Lebensgrundlage der *campesinos*, die das Land seit Generationen bearbeiten, aber keine Besitzurkunden vorweisen können. Die Mächtigen erscheinen mit offiziellen Dokumenten und jagen sie fort. So steht eine Masse von *posseiros* (Besitzer ohne rechtliche Dokumente) auf der

Straße. Sie werden Leute *sem terra*, Landlose, die auf der Suche nach einem Lebensunterhalt umherziehen. „In den Städten finden sie sich wieder, in der Hoffnung, für die Erwachsenen eine Arbeit, für die Kinder eine Schule und im Krankheitsfall ein Krankenhaus zu finden. Die Enttäuschung ist fürchterlich. Sie lassen sich auf einem freien Stück Land nieder und bauen dort ihre Elendshütten. Allein in der Stadt Fortaleza, wo ich geboren bin, zählt man 214 dieser Favelas. Aber auch dort sind sie nicht sicher vor der Vertreibung. Die Regierung hat Pläne für die Urbanisierung ausgearbeitet, um Touristen anzulocken. Die Armen werden verjagt und immer weiter hinaus getrieben."

Angesichts dieser Übergriffe auf ihr Land leisten die Bauern Widerstand, organisieren sich und fordern eine Bodenreform. Doch die Großgrundbesitzer, die Multinationalen scheuen sich nicht, zur Verteidigung ihrer Interessen zu den härtesten Mitteln zu greifen. „Das Bodenproblem hat die brasilianische Erde mit Blut durchtränkt", erklärte Präsident Neves nach seiner Wahl 1985. Die Brasilianische Bischofskonferenz beklagte „eine terroristische Strategie, die von einer Minderheit von Besitzenden organisiert wird, die sich der Bodenreform widersetzt". Nach Auskünften der Regierung wurden im Jahre 1986 in Konflikten um den Boden 286 Menschen getötet, in der Mehrzahl Bauern oder ihre Berater. „Wenn ein Gewerkschaftsführer oder jemand, der im Dienst des Evangeliums steht, Stellung bezieht zugunsten der Bodenreform, erhält er Morddrohungen, und mancher wird umgebracht. Ja, es gibt bei uns Märtyrer, die den Kampf für die Gerechtigkeit mit dem Leben bezahlt haben."

Um ihre wirtschaftlichen Interessen zu verteidigen, rekrutieren die Eindringlinge irgendwelche Männer und organisieren Milizen, in denen sich ehemalige Mitglieder der Todesschwadronen und von ihnen angeworbene Berufskiller aus dem kriminellen Milieu zusammmenfinden. Wie im Wilden Westen des 19. Jahrhunderts morden diese *pistoleiros* am hellichten

Tag und auf offener Straße. So verließ am 11. Juni 1987 in der Gegend von Belem ein junger Rechtsanwalt von 38 Jahren, Paulo Fontelles, zusammen mit seiner Frau und seinen beiden Kindern das Haus. Zwei Männer mit Maschinengewehren warteten auf ihn. Unter dem Kugelhagel stürzte Fontelles mit drei tödlichen Kugeln im Kopf zu Boden. Die Priester werden nicht ausgespart: Pater Tavarès, ein junger schwarzer Jesuit, wurde am 10. Mai 1986 ermordet; er hatte sich besonders für die *Landpastoral* eingesetzt.

Das Scheitern der Bodenreform

Am 17. Dezember 1983 kehrte Brasilien zur Demokratie zurück. Das Ende der Militärdiktatur und die Rückkehr von Zivilisten in die Regierung weckten große Hoffnungen. Die autoritären Gesetze wurden abgeschafft, und das Wahlrecht wurde endlich auch den vielen Analphabeten eingeräumt.

Die ersten Aufgaben der demokratischen Regierung bestanden darin, dem Land eine neue Verfassung zu geben und die Bodenreform zu verwirklichen, die unablässig versprochen, aber immer wieder aufgeschoben worden war. Der Vorentwurf sah vor, daß nicht nur die gänzlich ungenutzten Ländereien enteignet werden könnten, sondern auch all jene, die keine „soziale Funktion" erfüllten, das heißt Flächen, die zweckentfremdet waren.

Gegen diesen Plan verbündeten sich die konservativen Kräfte. Die Großgrundbesitzer vereinten sich zu einer sogenannten agrar-demokratischen Union und übten Druck auf die Medien aus. Am 11. Juli 1987 kamen sie nach Brasilia zu einer Demonstration. 40.000 Menschen versammelten sich vor dem Palast des Kongresses. Sie verschafften sich die Unterstützung von Abgeordneten, um ihre Interessen zu verteidigen, denn jeder Abgeordnete konnte, wenn er 30.000 Unterschriften zusammengebracht hatte, Änderungsvorschläge in die Entwürfe der neuen Verfassung einbringen. Durch einen dieser Änderungsvorschläge ist es ihnen gelungen, aus dem Text über das Eigentum die Klausel von der „sozialen Funktion“ zu streichen. Schließlich wurde am 5. Oktober 1988 die neue Verfassung öffentlich bekanntgemacht. Während sie auf vielen Gebieten wahrhaft demokratische Maßstäbe anlegt, schreibt sie in der Frage der Landreform die Ungerechtigkeit fort. 2.700.000 Ländereien wären für eine Enteignung in Frage gekommen, 500.000 wurden schließlich enteignet. Helder Camara kommentierte: „Das Eigentum ist das größte Dogma für uns gute Katholiken, wichtiger als die Heiligste Dreifaltigkeit und die Menschwerdung Christi. Die Durchsetzung einer Landverteilung ist schwieriger als die Abschaffung der Sklaverei.“

Der Handel mit den Schwarzen

1988 jährte sich zum hundertsten Mal die Abschaffung der Sklaverei. Dom Helder erinnerte an diese schmerzliche Geschichte, die mit den Entdeckungen begann: „Die ‚allerchristlichsten‘ Könige von Portugal und Spanien träumten von einer Ausweitung ihrer Reiche und auch von der Verbreitung des Glaubens. Missionare begleiteten die Seefahrer. Beurteilen wir die Vergangenheit nicht nach unseren heutigen Kriterien. In jener Zeit wäre ich höchstwahrscheinlich selbst einer dieser Missionare gewesen. Unglücklicherweise handelten diese Europäer, diese Weißen, diese Christen so, als hätte es vor ihrer Ankunft diese Länder nicht gegeben.

Für sie existiert Brasilien erst seit der Entdeckung um 1500. Die einheimischen Kulturen haben sie zerstört: die der Azteken und die der Maya. Die Indianer mußten sich mit der Sklaverei abfinden oder das Weite suchen. Nach der Vernichtung der Indianer machten sich die Kolonisatoren daran, sich in Afrika Schwarze zu beschaffen, um sie in den Dienst ihrer wirtschaftlichen Interessen zu stellen. Bei der Ankunft in Amerika wurden sie voneinander getrennt, die Männer von ihren Frauen, die Kinder von ihren Eltern, damit sie keine Gruppen bildeten. Unsere Zuckerrohrplantagen, die Gold- und Silberminen waren eine wahre Hölle. Diese Männer und Frauen, mit Brenneisen gebrandmarkt, wurden zum Eigentum ihrer Herren ... Die afrikanische Sklaverei ist verschwunden. Aber heute gibt es eine brasilianische Sklaverei."

Dies ist keine Übertreibung. In *Paysans du Brésil* gibt Olivier Colombani diese Informationen: „Die Zeitung *O Estado de São Paulo* zählt in der Ausgabe vom 25. August 1986 55 über das ganze Land verteilte *fazendas* (große Landgüter) auf, in denen 9.713 brasilianische Landarbeiter einer vollständigen Sklaverei unterworfen sind. Nichts fehlt, um von Sklaverei sprechen zu können: weder der strenge Arrest noch die Schläge noch die körperliche Züchtigung noch die Tötung der Flüchtenden, die wie Kaninchen abgeschlachtet werden. Nur ist die Methode der Rekrutierung moderner. Man sucht nicht mehr das ‚schwarze Elfenbein' an den Küsten des Golfs von Guinea. Heute werden die Bauern aus den traditionellen Siedlungsgebieten hinters Licht geführt. Man zeigt ihnen schöne Fotos von modernsten Städten im Amazonasgebiet, die nichts anderes sind als Modelle, und verspricht ihnen einen Platz in einem Paradies. Ein Unternehmer aus São Paulo hat sich auf diese Weise 300 Sklaven für seine *fazenda* in Rondonia beschafft."

Dom Helder war immer hellhörig, wenn es um die „Befreiung" der bäuerlichen Massen ging. Da er sich von der öffentlichen Gewalt nicht viel erhoffte, hat er auf die Ausbildung der *campesinos* gesetzt. Sie sollen ihr Schicksal selbst in die Hand nehmen können. Mit einem französischen Priester, dem Abbé Joseph Servat aus der Diözese Pamiers, gründete er 1965, ein Jahr nach seiner Ankunft in Recife, die Katholische Landjugend. Er spielte eine aktive Rolle bei der Gründung der Kommission für die *Landpastoral*, die den *posseiros* die Hilfe von Technikern und Rechtsanwälten sowie finanzielle Mittel zur Verteidigung von Grund und Boden anbietet. Die Verantwortung für diese Pastoral übertrug der Erzbischof einem Laien, Paulo Crespo, einem Familienvater mit acht Kindern. Dieser versuchte, verschiedene Initiativen ins Leben zu rufen, wie etwa das Zentrum für landwirtschaftliche Ausbildung, das in Pesqueira, 230 Kilometer westlich von Recife, entstand. Mit Paulo Crespo habe ich dieses Zentrum besucht. Es bezeugt auf anschauliche Weise Dom Helders Sinn für die Ausbildung der Landarbeiter.

Quer durch den Nordosten

Es ist sieben Uhr morgens. Die Sonne beginnt den Horizont rot einzufärben. Geführt von Paulo Crespo breche ich von Recife auf. Bald zeichnen sich grünbedeckte Hügel vor uns ab; junge Leute schlagen dort Zuckerrohr. „Die Regierung hat ihnen diese fruchtbare ‚rote Erde' zur Verfügung gestellt, weil sie die Produktion von Alkohol aus Zuckerrohr als Treibstoff für die Autos vorantreiben will", sagt Paulo. „Es ist ein technischer Erfolg, aber eine soziale Katastrophe. Die Produktion wurde notwendig wegen der Ölkrise; aber das Land wurde von großen Betrieben in Beschlag genommen, statt in Parzellen für die Lebensmittelproduktion aufgeteilt zu werden. Gewiß, ein Gesetz erkennt den Bauern das Recht zu, zwei Hektar Land für ihren eigenen Unterhalt zu bewirtschaften, aber es kommt nicht zur Anwendung. So strengen die Bauern Prozesse an, aber die Eigentümer kümmern sich nicht darum. Manchmal endet es damit, daß Mörder gedungen werden."

Hier ist an den mutigen Anwalt der Bauern der Region, Vendro Pereira, 36 Jahre, zu erinnern, der vor den Augen seiner Frau und Kinder ermordet wurde. „In der Regel kommen die *pistoleiros* ungestraft davon. Dank des im März 1987 gewählten Gouverneurs von Pernambuco, Miguel Araes, wurden diesmal die beiden Mörder inhaftiert. Sie gestanden, den Mord für umgerechnet 500 US-$ begangen zu haben."

Nach einer Stunde Fahrzeit ändert sich die Landschaft: Die Strecke führt auf und ab, die Sonne brennt nicht mehr so stark. Wir sind im *Agreste*, einer Zwischenzone zwischen dem mit Zuckerrohr bedeckten Küstenstrich und dem *Sertao*, der Wüste. Im Augenblick ist alles grün, aber es gibt keine Früchte. Der Regen hat zu spät eingesetzt, die „grüne Dürre" ist die Folge. In dieser Gegend gibt es eine besondere Vegetation, die der Sonne widersteht, wie der Mandacaru, eine Kaktusart, die als Viehfutter dient, die Algarova, die im Jahr bis zu 40 Kilo Futter liefert, oder die saftige, erfrischende Maracuja. Später kommen wir durch ein Dorf, das vom Kunsthandwerk lebt: Jede Familie modelliert Gegenstände, Personen und Tiere des ländlichen Lebens. Tausende von Touristen bewundern diese volkstümliche Kunst.

Es gibt zwar noch ärmere Gegenden als den *Agreste*, aber auch er ist Teil des Nordosten, den die Geographen „Dreieck des Durstes" oder „Viereck des Hungers" nennen. Paulo Crespo kommentiert: „Man sagt, das Elend sei eine Folge der Dürre. Sicher, sie verschlimmert die Lage; aber die Hauptverantwortung trägt die Politik. Sie wurde zu einer Art Kolonisation des Nordostens durch das Zentrum und den Süden. Unser Hauptproblem ist das Wasser. Nun hat Brasilia im Süden, der weniger Bedarf hat, weit mehr für die Bewässerung investiert als bei uns. Hier ist der Boden gut, die Sonne scheint zwölf Stunden am Tag. Wenn es Wasser gäbe, könnte man drei Ernten im Jahr erzielen. Man könnte sich auf geeignete Produkte konzentrieren wie Hirse und Bohnen, die sehr widerstandsfähig gegen die Trockenheit sind. Im Wissen um diese Möglichkeiten wollte die *Landpastoral* die Produktion wenigstens auf ein bescheidenes Maß bringen. So haben wir das Zentrum für landwirtschaftliche Ausbildung in Pesqueira gegründet. Die Basis-Gemeinschaften entsenden Bauern zur Ausbildung dorthin, die dann ihre Kenntnisse und Fähigkeiten an die anderen weitergeben können."

Leben auf zwei Hektar Land

Kokospalmen, mit roten Ziegeln bedeckte Mauern, ein Glokkenturm: So zeigt sich das alte Seminar von Pesqueira. Es steht zur Zeit leer, denn das Semester ist soeben zu Ende gegangen. Hier vergessen die Teilnehmer des Lehrgangs die „moderne“ Landwirtschaft, um die organische Landwirtschaft zu entdekken. Die Ergebnisse liegen vor unseren Augen. In einem kleinen Viereck wachsen zuhauf Karotten, weiße Rüben, Runkelrüben, Schnittlauch, Salat ...

Auf den wenigen Quadratmetern des Gartens zieht man 32 Gemüsesorten. Die Abfolge des Gemüseanbaus ist so geregelt, daß es den ganzen Winter über Gemüse gibt. Die terrassenförmige Anlage der Beete hält die Erosion in Grenzen. Eine Laubschicht über dem Boden verlangsamt die Verdunstung. Die Tierproduktion ist ebenfalls gut organisiert. Die Hühner ernähren sich von den Küchenabfällen; der Hühnermist wird den Schweinen vorgeworfen, deren Kot wiederum als Fischfutter in den Teich geworfen wird.

Paulo erklärt: „Unser Besitz beschränkt sich auf zweieinhalb Hektar; ein Bauer kann eine ähnliche Produktion erzielen wie wir. Das reicht zum Leben. Wir knüpfen Verbindungen mit den Indianern aus Peru und Chile. Auch Chinesen haben eine tausendjährige Erfahrung darin, von einem oder zwei Hektar Land zu leben.“ Wie die Vorfahren züchten die Praktikanten bewährte Heilpflanzen, von Artischocken für die Verdauung bis zum *casu rosco* für die Diabetes. Bei jedem Lehrgang bringen Teilnehmer ihre Kenntnisse von anderen Heilpflanzen ein. „Wir versuchen, das Wissen der Bauern zu bewahren, das durch die chemischen Produkte der kapitalistischen Firmen verlorenzugehen droht.“

Das Zentrum von Pesqueira konnte geschaffen werden, weil Dom Miguel Palmeira, der Bischof der Diözese, sein Seminar zur Verfügung stellte. „Ich setze nur die Lehren des Zweiten

Vatikanischen Konzils um", sagt er bei unserem Besuch. „Wir müssen die menschliche Entwicklung fördern, und das heißt hier, die Kleinbauern zu lehren, wie sie im Nordosten leben können. Wenn man ihnen ein Stück Land gibt, ohne daß sie wissen, wie man es kultiviert, gehen sie in die Städte, und die Favelas werden noch größer. Man muß ihnen zeigen, daß sie von einem bißchen Land leben können."

Das Zentrum wird von europäischen Hilfswerken unterstützt, denen manchmal vorgeworfen wird, den „Kommunismus" zu begünstigen. Der Bischof protestiert: „Sagt in aller Deutlichkeit, daß diese Gründung keineswegs die Subversion begünstigt. Im Gegenteil: Sie ist das beste Mittel, sie zu verhindern, denn sie steht im Dienst der Armen, und es ist die Kirche, die sie unterhält." Diese Initiative erscheint verschwindend klein, ein Tropfen im Ozean des Elends. Aber das Beispiel stecke an, unterstreicht Crespo. „Die Regierung von Pernambuco beginnt mit ähnlichen Projekten. Sie hat uns gebeten, ihre Techniker zu schulen. Sie sind wesentlich gebildeter als wir, aber sie kennen nicht die einfache Sprache der Bauern, ihre bewährten Arbeitsmethoden und die Möglichkeiten des biologischen Anbaus."

Paulo Crespo hat indianische Vorfahren; einige ihrer Denkweisen hat er sich bewahrt. Es ist ein wahres Glaubensbekenntnis, wenn er sagt: „Die Erde ist unsere Mutter. Wir sind aus ihrem Schoß hervorgegangen. Wir werden dorthin zurückkehren. Sie ist ein lebendiges Wesen mit Millionen von Mikroorganismen. Sie ist ein Geschenk Gottes. Nicht für das Geld, sondern für den Menschen. Nicht, um aufgekauft zu werden, sondern um geteilt zu werden." So geht die Landreform trotz der gegen sie mobilisierten Kräfte voran – und ohne Lärm und ohne Gewalt gegen irgend jemand.

Die Waffe der Gewaltlosigkeit

„Apostel der Gewaltlosigkeit" wird Dom Helder genannt, und ohne weiteres pflichtet man diesem Titel bei. „Ich glaube nicht, daß es einen bestimmten Moment gab, von dem an ich an die Gewaltlosigkeit geglaubt habe. Immer habe ich das Evangelium in dieser Art verstanden. Aber das Wort ‚Gewaltlosigkeit' gefällt mir nicht. Ich ziehe einen Ausdruck von Roger Schutz vor: ‚die Gewalt der Friedfertigen' oder jede andere Bezeichnung, die sich deutlich von der Passivität abhebt. Wie sollten die Jugendlichen auf die bewaffnete Gewalt verzichten, wenn man ihnen keine starke, wirkungsvolle Alternative anbietet? Gewaltlosigkeit heißt, mehr an die Kraft der Wahrheit und der Liebe zu glauben als an die Kraft von Haß und Gewalt. Es ist die Kraft, von der der heilige Paulus sagt: ‚Die Waffen, die wir bei unserem Feldzug einsetzen, sind nicht irdisch, aber sie haben durch Gott die Macht, Festungen zu schleifen' (2 Kor 10,4). Die Botschaft Christi birgt eine enorme Dynamik."

Der gewaltlose Kampf ist schwieriger und langwieriger als der bewaffnete Kampf, aber Helder Camara ist überzeugt, daß er am Ende mehr bewirkt. Dieser Kampf hat es Gandhi und Millionen Armer in Indien ermöglicht, die Unabhängigkeit zu erlangen. Durch diesen Kampf hat Martin Luther King die Abschaffung vieler trennender Gesetze erreicht. Und einst hat die befreiende Kraft des Evangeliums die Ketten der Sklaverei fallen lassen.

Christus ist der größte Revolutionär aller Zeiten, und er hat kein anderes Blut vergossen als sein eigenes. Wenn er nach Lateinamerika käme, würde er nicht zu den Maschinengewehren greifen, sondern zur Waffe der Seligpreisungen. Dennoch lehnt Helder Camara es ab, jene zu verurteilen, die – ihrem Gewissen folgend – ihr Vertrauen auf gewaltsame Methoden setzen, um Unrecht und Unterdrückung zu beseitigen. „Ich respektiere sie, besonders wenn sie keine ‚Salon-Guerilleros' bleiben, sondern ihr Leben aufs Spiel setzen. Ich selbst habe eine andere Wahl getroffen. Ich ziehe es tausendmal vor, getötet zu werden, als zu töten."

Die Spirale der Gewalt

Dom Helder stützt seine tiefen Überzeugungen mit Argumenten der Vernunft. In seinem Buch *Spirale der Gewalt* unterscheidet er drei Formen von Gewalt, die einander bedingen.

Die erste Form ist die etablierte Ungerechtigkeit, zum Beispiel wirtschaftliche und soziale Strukturen, die – wie in Lateinamerika – eine ganze Bevölkerung unterdrücken. Nach seiner Rückkehr von einer Reise durch Südamerika, wo er 1964 auch mit Helder Camara zusammentraf, sagte Msgr. Ancel, der Obere der Priestergemeinschaft des *Prado*: „Ich hatte den Eindruck, die Kapitalismus-Kritik von Karl Marx zu lesen, als ich sah, wie die Menschen ausgebeutet werden. In vollkommen gewissenloser Weise werden dort die schlimmsten Zeiten des 19. Jahrhunderts fortgesetzt."[7] Angesichts dieser Situation ist die Versuchung groß, sich mit Waffengewalt davon zu befreien und so auf die Gewalt mit Gewalt zu antworten. Doch diese Hoffnung ist eine Illusion, denn die Autoritäten tun alles, um die öffentliche Ordnung wiederherzustellen, auch wenn es einen schweren Einsatz erfordert. Daraus resultiert erneut Gewalt.

Dom Helder erzählt: „Oft sind Jugendliche zu mir gekommen, die von der Wirksamkeit der Gewalt überzeugt waren. Ich habe dann zu Papier und Bleistift gegriffen und versucht, ihnen die Sache an einem Beispiel zu verdeutlichen: Meine Freunde! Nehmen wir an, ihr bildet eine Gruppe, die einen

Banküberfall plant, um sich Geld für Waffenkäufe zu verschaffen. Wenn ihr zur Bank kommt, riskiert ihr, getötet zu werden oder einen einfachen, tüchtigen Angestellten zu töten, der dort arbeitet, um seinen Lebensunterhalt zu verdienen, und der nichts mit dem System zu tun hat. Nehmen wir einmal an, der Überfall gelänge. Was kommt danach? Wie viele Gewehre, Pistolen, Maschinengewehre und Patronen könnt ihr von dem erbeuteten Geld kaufen? Was wären sie wert im Vergleich mit den gewaltigen militärischen Mitteln der Machthaber hier und im Pentagon, das sie unterstützt? Einige der jungen Leute führten das Beispiel Kubas an. Es ist richtig, daß Fidel Castro sein Land von der Batista-Diktatur befreit hat. Aber als er den Widerstandskampf aufnahm, waren die Vereinigten Staaten in keiner Weise auf die neue Kampfmethode der Guerilla vorbereitet. Später haben sie den lateinamerikanischen Armeen geholfen, Spezialeinheiten für den Kampf gegen die Guerilla zu bilden. Ich füge hinzu, daß ich nie von einer Lösung nach kubanischem Muster geträumt habe. Es ist doch keine echte Befreiung, wenn man nur die Umlaufbahn wechselt, wenn man ein Satellit der Sowjetunion wird, nachdem man Satellit der Vereinigten Staaten gewesen ist."

Gelegentlich kommt die Rede auf zwei Guerilleros, die als Helden galten: Che Guevara und Camilo Torres. In der Tat haben sie ihr Leben für die Befreiung ihres Volkes gegeben. Aber die Waffen, für die sie sich entschieden hatten, standen nicht im Einklang mit dem erstrebten Ziel.

Der eine, ein früherer argentinischer Arzt, wurde zum umherirrenden Revolutionär und kam von einer Untergrundgruppe zur nächsten, um das Feuer am Brennen zu halten: „Der Haß muß der Motor des Kampfes sein, der unerbittliche Haß, der das menschliche Wesen über seine natürlichen Grenzen hinausgehen läßt und in eine Tötungsmaschine verwandelt."

Der andere, Pater Camilo Torres, litt sehr unter der Ungerechtigkeit der „etablierten Ordnung" in Kolumbien, wo 1%

der Eigentümer 80% des Bodens besaßen. Er war überzeugt, daß die Oligarchie, aus der er selbst stammte, nie ihre Privilegien aufgeben würde, es sei denn unter der Drohung der Maschinengewehre. Ich bin ihm im August 1963 in Bogotá begegnet. Er unterrichtete damals an der Sankt-Markus-Universität. Von seinen Studenten wurde er bewundert, im ganzen Land erfreute er sich großer Beliebtheit. Im nachhinein dachte ich: Mit seinem Ansehen hätte dieser Priester, wenn er den gewaltlosen Kampf kennengelernt hätte und ein Meister darin geworden wäre, eine revolutionäre friedliche Kraft in Bewegung setzen können. Als einer seiner Freunde ihm von der gewaltlosen Aktion erzählte, war es zu spät. Der Erzbischof hatte jede Verbindung mit ihm abgebrochen.

Pater Camilo weinte, als man ihm die Eucharistie verweigerte. Er war gezwungen, jede Nacht das Quartier zu wechseln (die *Mano Negra*, die „Schwarze Hand" der Oligarchie, bedrohte ihn). „Herr Torres", wie ihn gewisse Prälaten zu nennen pflegten, schloß sich schließlich den Untergrundkämpfern in den Bergen an.

Che Guevara und Camilo Torres hofften, daß die *campesinos* sich ihnen anschlössen. „Ihr Irrtum", sagt Dom Helder, „bestand darin zu vergessen, daß eine Masse noch kein Volk ist. Es bedarf einer langen, geduldigen Arbeit der Bewußtseinsbildung. Die Mehrheit der lateinamerikanischen Bevölkerung lebt in menschenunwürdigen Bedingungen; weil sie nicht wissen, wofür sie leben, wissen sie auch nicht, wofür sie sterben sollten." In Kolumbien nahm die Gewalt kein Ende. Die Guerilla leistet immer noch Widerstand gegen die Autoritäten, doch ihren revolutionären Zielen ist sie nicht nähergekommen.

Ein Vorbild: Martin Luther King

Ein Nein zur bewaffneten Revolution genügt nicht. Tiefgehende Reformen sind unumgänglich, aber sie müssen mit anderen Mitteln verwirklicht werden. Helder Camara träumte von einer breiten Bewegung, die auf die öffentliche Meinung moralischen Druck ausübt, um zur Befreiung beizutragen. Gegen Ende des Konzils erläuterte er in einer Pressekonferenz am 1. Dezember 1965 in Rom, wie seiner Meinung nach die Zeit nach dem Konzil aussehen sollte:

„Man muß den Leitlinien des Zweiten Vatikanischen Konzils über Krieg und Frieden folgen und untersuchen, ob es nicht angebracht wäre, in den unterentwickelten Ländern, besonders in Lateinamerika, eine gewaltlose Aktion ins Leben zu rufen."

Sein Plan reifte. Am 24. August 1966 erklärte er in Salvador de Bahia bei einer Versammlung der UNO-Kommission für Lateinamerika, zu der er eingeladen war: „Dringend muß eine weltweite Kampagne gestartet werden, um die heutige Sklaverei abzuschaffen. Die politische Unabhängigkeit des Volkes ist zu stärken durch eine wirtschaftliche Unabhängigkeit, die nicht nur einigen privilegierten Schichten zugute kommt, sondern allen Menschen." An der Universität von Princeton sagte er am 10. Februar 1967: „Die große Frage ist, ob sich die soziale Revolution, die die Welt braucht, durch Erziehung erreichen läßt oder nur durch eine Phase der Gewalt."

Martin Luther King war für ihn ein Vorbild. „Ich hoffe, ihn zu treffen. Ich werde ihm sagen: King, Sie genießen weltweites Ansehen. Die Zeit ist reif, daß Sie Ihre Aktion ausweiten. Verteidigen Sie weiterhin die Rechte der Schwarzen, aber treten Sie auch in den Kampf für die Entwicklung ein." Dom Helder unterstreicht, daß eine solche Aktion ein geistliches Fundament brauche, nach dem Vorbild des Pastors King, der von seinen Kämpfern verlangte, eine Charta mit zehn Geboten anzuerkennen: „Jeden Tag die Worte und das Leben Jesu meditieren ... Mich daran erinnern, daß die gewaltlose Bewegung nicht den Sieg zum Ziel hat, sondern die Versöhnung und Gerechtigkeit ... In meinem Verhalten eine Haltung der Liebe bewahren, denn Gott ist Liebe ... Mich jeder Art von Gewalt enthalten, sei es mit der Faust, der Zunge oder im Herzen ..." Helder Camara erklärt dazu: „Vergessen wir nie, daß ganz am Anfang die innere Befreiung steht. Wie kann einer, der Sklave seiner selbst ist, die anderen befreien?"

King wurde am 4. April 1968 ermordet. Mehr denn je fühlte Camara sich gedrängt, das Anliegen der aktiven Gewaltlosigkeit weiterzutragen. Vor den Schwarzen sagte er: „Glaubt nicht, daß euer großer Leader, der eine Ehre für eure Rasse ist, gescheitert wäre, weil er umgebracht wurde. Christus war am Karfreitag allem Anschein nach das größte Beispiel des Scheiterns. Doch drei Tage später ist er auferstanden ... Martin Luther King ist jetzt, über das Grab hinaus, ein Symbol. Von einem Leader, der er war, ist er zum Helden geworden, zum Märtyrer ... Er gehörte euch, von nun an gehört er der Menschheit."

Die Aktion „Gerechtigkeit und Frieden"

Der Aktion muß die Bewußtseinsbildung vorausgehen, betont Dom Helder immer wieder. Eine neue Mentalität, eine Art kulturelle Revolution ist notwendig, und dies auch bei den Bischöfen. Im Juli 1968 sprach er bei der nationalen Bischofskonferenz von seiner Initiative „Moralischer Druck für die Befreiung". Er schlug einen Text mit einem Bekenntnis zum Engagement vor, den 43 von 253 Bischöfen unterzeichneten: „Bewegt von der Liebe zu Gott und der Liebe zum Nächsten, im Willen, an der Befreiung von Millionen von Kindern Gottes mitzuwirken, die in unserem Land und auf unserem Kontinent am Rande des wirtschaftlichen, kulturellen, künstlerischen, politischen, sozialen und religiösen Lebens stehen, aus dem Gespür, daß nur eine mutige, koordinierte Aktion Dokumenten wie *Gaudium et spes* und *Populorum progressio* in der Praxis Bestand geben kann, setzen wir uns dafür ein, die Aktion *Moralischer Druck für die Befreiung* so gut es geht zu unterstützen."

Recife wurde Sitz der Bewegung, die bald in „Aktion Gerechtigkeit und Frieden" umbenannt wurde, weil „moralischer Druck" zu sehr an die „moralische Wiederaufrüstung" erinnerte. Die Aktion wurde am 2. Oktober 1968 gestartet, am hundertsten Jahrestag der Geburt Gandhis. Am Abend dieses Tages füllten Tausende von Sympathisanten den Hof des Kollegs São José de Recife. Auf Transparenten war zu lesen: „Gegen die etablierte Gewalt", „Gewaltlose Revolution", „Wir fordern die Bodenreform", „Gegen die Unterdrückung durch die Polizei" usw. Auf einem Balkon wechselten eine junge Theaterequipe, populäre Sänger und Sprechchöre einander ab, die alle über die Ungerechtigkeit, die Unterdrückung und das Elend sprachen. „Von 100 brasilianischen Familien erhalten 70 nicht einmal den Mindestlohn ... Von denen, die ihn erhalten, bekommen ihn viele nur auf dem Papier ... Viele sorgen sich zunächst um die Aufrechterhaltung der Ordnung, ohne zu sehen, daß sie in Wahrheit nur die Unordnung unterstützen ... Privateigentum, ja, aber nicht, wenn andere dadurch beraubt werden ..." Alle Ideen von Dom Helder kommen zur Sprache.

Der Erzbischof ergreift schließlich selbst das Mikrophon. Seine warme, leidenschaftliche Stimme durchdringt den Raum. Er wendet sich an jene, die nicht glauben, daß man die Strukturen ohne Waffengewalt verändern könne: „Denkt daran, was sich vor hundert Jahren, am 13. Mai 1888, abgespielt hat. Die Herren der Sklaven hatten alles in der Hand: die Macht, das Geld, die Presse. Und dennoch ist es jungen, idealistischen Leuten wie Castro Alves, Rui Barbosa und Joaquim Nabuco gelungen, ohne Gewalt und ohne jemand zu töten, die Köpfe und Herzen zu gewinnen und den Sieg der Wahrheit und Gerechtigkeit herbeizuführen. Vervollständigen wir das, was an jenem 13. Mai geschah, indem wir die Sklaven von heute, die Menschen unserer Nation, befreien."

Er fährt fort: „Oberflächliche Reformen genügen nicht. Viele Regierungen Lateinamerikas bereiten – manchmal ohne es zu wissen und zu wollen –, die Explosion der schlimmsten aller Bomben vor, schlimmer als die Atombombe oder die H-Bombe: die Explosion der ‚M-Bombe', der Bombe der Misere, des Elends. Diese Bombe produzieren jene, die mit Gewalt den Protest der Jugendlichen, der Arbeiter und auch den der Kirche unterdrücken wollen. Aber die Kirche muß denen, die nicht sprechen können, ihre Stimme leihen. Die Bewegung, die heute entsteht, ist keine gemäßigte und mäßigende Bewegung, denn Gott speit die Lauen aus. Sie will mit der Gnade Gottes die Gewalt der Friedfertigen sein. Stehen wir ohnmächtig vor den alten Mauern, die niedergerissen werden müssen? Denkt an den Kampf zwischen David und Goliath. Wer hätte nicht gewettet, daß der kleine Hirte von dem Riesen zermalmt würde? Und dennoch hat David mit einer Schleuder und fünf Steinen Goliath niedergestreckt. Unsere fünf Steine, das sind der Glaube an Gott, das Vertrauen auf die Wahrheit, das Vertrauen auf die Gerechtigkeit, das Vertrauen auf das Gute und das Vertrauen auf die Liebe."[8]

Ein neues, Hoffnung weckendes Kapitel schien sich in der Geschichte der Gewaltlosigkeit aufzutun. Aber es wurde bald geschlossen. Zwei Monate später, am 13. Dezember 1968, erließ die Militärregierung den Institutionellen Akt Nr. 5, der die Diktatur verschärfte. Mehr denn je galt jeder als verdächtig, der von Gerechtigkeit und Freiheit sprach. Inhaftierungen, Folter und Exil waren an der Tagesordnung. Die Bewegung wurde erstickt. Es fehlte ihr wohl noch an Festigkeit, sie hätte konkrete Ziele gebraucht, eine ausgearbeitete Doktrin, ein Netz für die Ausbildung der gewaltlosen Kämpfer.

Dom Helder ließ nicht nach, in seinem Land und in aller Welt die Gewaltlosigkeit „auszusäen". 1970 besuchte ihn in Recife Kings Nachfolger, Pastor Ralph Abernathy. Er überbrachte ihm eine Einladung in die Vereinigten Staaten, wo er den Martin-Luther-King-Preis in Empfang nehmen sollte. Diese Auszeichnung wird jedes Jahr einer Person zuerkannt, die mit den Mitteln der Gewaltlosigkeit einen Beitrag für die

Sache der Gerechtigkeit und des Friedens geleistet hat. In Atlanta, wo King geboren wurde und begraben ist, nahm der Erzbischof den Preis entgegen. Lange verharrte er am Grab, wo in eine Marmortafel die Worte eines alten Spirituals der schwarzen Sklaven eingraviert sind, die der Leader der Schwarzen häufig zitiert hatte:

> Endlich frei, endlich!
> Dank sei dem allmächtigen Gott.
> Ich bin endlich frei.

In seiner Rede in Atlanta schlug Dom Helder ein weltweites Treffen aller Führer der gewaltlosen Bewegungen vor. Drei Versammlungen kamen zustande, an denen auch er teilnahm: in Oosterhout/Niederlande, in Londonderry/Nordirland und in Nassogne in Belgien. In Londonderry begegnete er General de Bollardière, der ihm sagte: „Ich habe Schritt für Schritt die Gewaltlosigkeit entdeckt, unglücklicherweise durch die Erfahrung des Krieges. Ich habe lange Zeit damit zugebracht zu verstehen, wie die Anhänger der Gewaltlosigkeit einen Beweis für die Wirksamkeit in den Konflikten in der Welt erbringen können."

Dom Helder begab sich auch nach Borie-Noble, der Mutter-Gemeinschaft der *Arche* von Lanza del Vasto. Schon während des Konzils hatte er Mitglieder der *Arche* getroffen. Sie hatten eine Ausstellung über die Gewaltlosigkeit veranstaltet. Einige fasteten während dieser Zeit, um die Aufmerksamkeit der Bischöfe auf diese Aktionsform zu lenken, von der das Zweite Vatikanische Konzil (*Gaudium et spes*, 78) schließlich sagte: „Wir können denen unsere Anerkennung nicht versagen, die bei der Wahrung ihrer Rechte darauf verzichten, Gewalt anzuwenden, sich vielmehr auf Verteidigungsmittel beschränken, so wie sie auch den Schwächeren zur Verfügung stehen . . ."

Über die Wirksamkeit der gewaltlosen Aktion wurde Dom Helder oft befragt. Er schreibt: „Die Geschichte, so wie sie uns in Büchern und Zeitungen geschildert wird, ist immer die Geschichte von Kriegen, Schlachten und gewaltsamen Revolutionen ... Aber wer kennt schon die Geschichte jener Völker, die der Unterdrückung ohne Gewaltanwendung widerstanden haben? ... So hat im vorigen Jahrhundert das ungarische Volk aufgrund einer Kampagne des aktiven Ungehorsams und der Steuerverweigerung im Rahmen des Habsburger Reiches ein Autonomie-Statut erreicht. Zu Beginn dieses Jahrhunderts hat das finnische Volk durch einen organisierten Ungehorsam gegen die Anordnungen des Zaren der Russifizierung widerstanden. Im März 1920 setzten im sogenannten Kapp-Putsch die Deutschen mit einem Generalstreik und mit einer totalen Gehorsamsverweigerung dem illegalen Staatsstreich der Militärs ein Ende. Während des Zweiten Weltkrieges vereitelten die Dänen mit ihrem geschlossenen Einsatz die Judenverfolgung der SS. In Kalifornien führte César Chavez zusammen mit den Landarbeitern einen langen Kampf zur Anerkennung ihrer gewerkschaftlichen Rechte ... In Frankreich ist der Kampf der Bauern von Larzac zu nennen, in den USA Martin Luther King und in Indien Gandhi.“[9]

Helder Camara beschreibt auch die Regeln für die gewaltlose Aktion. Das erste Prinzip ist selbstverständlich die absolute Ablehnung jeder Gewalt gegen das Leben und die Würde der Menschen. „Dabei hängt die Strategie natürlich von der Natur des Konfliktes und den zur Verfügung stehenden Kräften ab. In der Regel geht es darum, die Grundlagen der ungerechten Macht zu erschüttern, das heißt die Resignation, Kollaboration und Passivität des Volkes. So wird man versuchen, eine möglichst große Zahl von Menschen zu organisieren, damit sie die Kollaboration verweigern und den Ungehorsam praktizieren. Keine Macht der Welt wird sich – auch nicht mit

Waffengewalt – längere Zeit gegen eine Bevölkerung halten können, die geschlossen den Gehorsam verweigert und sich an einer anderen Macht orientiert.

Zu dieser Strategie gehört auch der unablässige Dialog mit den mehr oder minder überzeugten bzw. mehr oder minder ergebenen Kräften der ungerechten Macht – mit dem Ziel, sie in den Kampf um die Gerechtigkeit mit einzubeziehen."

Handelt es sich dabei in erster Linie um eine moralische oder strategische Option? „Viele Menschen entscheiden sich für die Gewaltfreiheit aus moralischen und oft auch aus religiösen Gründen. Sie jagen der alten Frage nach: Wie kann man sich für Gerechtigkeit, Freiheit und Frieden engagieren, ohne zu Mitteln zu greifen, die – selbst wenn sie Erfolg versprechen – sehr bald den Samen des Todes für Gerechtigkeit, Freiheit und Frieden bringen? Viele Christen wollen der Bergpredigt und dem Beispiel Christi treu bleiben.

Aber viele Menschen entschieden und entscheiden sich auch allein deshalb für die Strategie der Gewaltfreiheit, weil diese – wenn man über keine Waffen verfügt – der einzige erfolgversprechende Weg zur Befreiung ist. In seinem großen Kampf zur Befreiung Indiens erkannte selbst Gandhi, daß – wenn er darauf gewartet hätte, bis sich jedermann von der Notwendigkeit der Gewaltfreiheit moralisch überzeugt hätte – er nicht sehr weit gekommen wäre.

Deshalb meine ich, Moral und Erfolg dürfe man nicht als Widerspruch betrachten. Eine Gewaltfreiheit, der nicht an der Gestaltung der Geschichte gelegen wäre, wäre immer noch ‚Passivismus', wenn auch im Gewand hehrer Prinzipien und wohliger Gefühle."[10]

Dom Helder war beeindruckt von einem Streik, der diese doppelte Motivation, die Orientierung am Evangelium und taktische Überlegungen, in sich vereinte: der Streik der Arbeiter einer Zementfabrik in Perus bei São Paulo, die von einem Chef ausgebeutet wurden, der Eigentümer von 35 weiteren

Unternehmen war. Nach sechs Jahren beständigen Kampfes gelang es ihnen, Gerechtigkeit zu bekommen. Sie hatten sich ausschließlich friedlicher Mittel bedient, unter anderem eines Hungerstreiks und eines Kreuzwegs durch São Paulo, an dessen Spitze ein Arbeiter ein Kreuz trug. Wenn sie der Gewalt nachgegeben hätten, besonders unter dem Militärregime, dann hätte die Repression gewonnen.

Eine merkwürdige Prozession

Eher zufällig wurde Dom Helder zur Hauptperson in einer ähnlichen Aktion. Eines Tages kamen Fischer zu ihm: „Vater, es ist etwas Schreckliches geschehen: Die Fische sterben und treiben auf dem Wasser. Was soll aus uns werden, aus uns und unseren Kindern?" Dom Helder informierte sich über die Ursache des Fischsterbens. Eine neue Kautschukfabrik leitete ihre Abwässer in das Wasser und verschmutzte die Küstengewässer. Ein Wort von Jean Goss, dem internationalen Sekretär des MIR (Internationale Bewegung für Versöhnung), mit dem er oft über die Gewaltlosigkeit gesprochen hatte, kam ihm in den Sinn: „Wenn man einer Ungerechtigkeit gegenübersteht, muß man handeln." Dom Helder schlug den Fischern vor, zu den Fabrikbesitzern zu gehen. Doch diese armen, einfachen Leute hatten nicht den Mut dazu. „Gut! Dann laßt uns zusammen gehen!"

Während der Militärdiktatur benötigte man eine Genehmigung für ein solches Vorgehen. „Ich kann sie Ihnen nicht erteilen", sagte der General der Region zu Dom Helder, „sonst erscheinen wieder alle Revolutionäre, und es kommt zu Schlägereien." – „Gut, Herr General", erwiderte der Erzbischof, „wir werden keine Demonstration veranstalten, sondern nur eine Prozession. Sie wissen ja, daß Sie nicht das Recht haben, sich in religiöse Angelegenheiten einzumischen." Am festgesetzten Tag setzte sich die merkwürdige Prozession in Gang: Hunderte

Männer, Frauen, unterernährte Kinder mit dicken, aufgeblasenen Bäuchen, nackt oder in Lumpen gekleidet, an der Spitze ihr Bischof. Die Kirche identifizierte sich mit dem Elend des Volkes. Es gab weder Plakate noch Spruchbänder, nur ein Holzkreuz mit einem Fischernetz. Sie erreichten die Fabrik. Wer erwartete sie? Die Polizei mit Gewehren und MGs ... Niemand von der Direktion. Die Enttäuschung war bitter. Dom Helder überlegte, was Pastor King an seiner Stelle getan hätte. Er sprach kurz mit einem Autofahrer, stieg dann aufs Dach des Wagens und wandte sich an die Menge: „Diese Unternehmer, ihr seht es, sind Menschen wie wir; auch sie haben ihre Schwächen. Denkt daran, daß ihr manchmal, wenn ihr euren Fisch verkauft habt, ins Bistro geht und einen *pinga* trinkt, statt das Geld nach Hause zu bringen. In solchen Momenten klopft Jesus bei euch an, in eurem Gewissen und eurem Herzen. Aber nicht immer hört ihr ihn sofort. Er muß öfter anklopfen. Genauso ist es bei diesen Fabrikbesitzern: Wenn wir nur einmal an ihre Tür klopfen – und durch uns klopft Christus –, dann verstehen sie nicht. Doch morgen kommen wir wieder und werden wieder anklopfen."

Die Leute gingen nach Hause, fest entschlossen zurückzukehren. Doch dazu kam es nicht mehr. Schon am folgenden Tag berichtete die Presse von der „Prozession". Die Fabrikbesitzer wurden sich bewußt, daß sich etwas in Bewegung gesetzt hatte, das ihr Gewissen anklagte. Am Nachmittag traf Dom Helder mit dem Besitzer zusammen, auch der Präfekt war dabei. „Ich bin Ihr Bischof. Sie wissen, was die chemischen Produkte Ihrer Fabrik verursacht haben. Die Leute riskieren, Ihretwegen an Hunger zu sterben." – „Es gibt keine Alternative", warf der Direktor ein, „man müßte mehr als 400 Arbeiter zusätzlich einstellen und die gesamte Betriebsstruktur ändern." – Dom Helder wandte sich an den Präfekten: „Wie viele Arbeitslose gibt es in Recife?" – „400.000." – „Das ist mehr, als nötig wären, um die chemischen Produkte erst einmal zu vergraben, bis dann die Betriebsstrukturen geändert sind. Kann die Stadtverwaltung nicht eine Subvention beschließen, um die neuen Angestellten zu bezahlen?" Sie konnte es. Die chemischen Abfallprodukte wurden im Boden gelagert, das Fischsterben nahm ein Ende, und die Existenz der Fischer war gesichert.

Ein Pulverfaß

Die Gewaltlosigkeit schließt den Krieg und seine Vorbereitung aus. In diesem Zusammenhang prangert Dom Helder einen dreifachen Skandal an. Zunächst das Wettrüsten. 1986 haben die Nationen der Erde für ihr Militärbudget insgesamt tausend Milliarden Dollar ausgegeben, das entspricht 200 Dollar pro Bewohner unseres Planeten, also der Summe, die ein Bürger von Burkina-Faso im Jahr verdient. Der Erzbischof zitiert ein Wort von Paul VI. aus der Enzyklika *Populorum progressio*: „Wenn so viele Völker Hunger leiden, wenn so viele Familien in Elend sind, wenn so viele Menschen in Unwissenheit dahinleben, wenn so viele Schulen, Krankenhäuser, richtige Wohnungen zu bauen sind, dann ist ... jedes die Kräfte erschöpfende Wettrüsten ein unerträgliches Ärgernis." Auch einen Satz von General Eisenhower, des ehemaligen US-Präsidenten, ruft er in Erinnerung: „Jede Kanone, welche die Fabrik verläßt, ist ein Diebstahl an denen, die Hunger leiden."[11]

Der zweite Irrsinn: ein atomares Arsenal, das einer Million Hiroshima-Bomben entspricht. Alles Leben, das der Schöpfer auf der Erde hat entstehen lassen, könnte damit ausgelöscht werden. „Unsere Brüder aus dem Norden sagen uns: Seht, die atomare Bedrohung hat uns seit 40 Jahren vor dem Krieg bewahrt; es hat noch keinen Dritten Weltkrieg gegeben. In Wahrheit haben die Großen nicht aufgehört, gegeneinander zu kämpfen: Sie haben arme Völker dazwischengeschaltet, um sich selbst vor den Raketen zu schützen. Diese Konflikte haben ebenso viele Tote verursacht wie der Zweite Weltkrieg."

Der dritte Skandal: der Waffenhandel. „Als nichtwissenschaftliches Mitglied des SIPRI (Stockholm International Peace Research Institute) erhalte ich zahlreiche Informationen. Die Rüstungsindustrie hat eine schreckliche Logik: Die Rüstungsproduktion für den eigenen Bedarf wäre zu teuer, wenn man nicht auch für andere produzierte. Man muß Waffen verkaufen. Weil die beiden Großmächte nicht als Kunden in Frage kommen, wendet man sich an die armen Länder, die nicht das Nötigste für ihre Bevölkerung haben, und zieht sie mit in den Rüstungswettlauf hinein. Und da die modernen Waffen sehr schnell veralten, kommen die Verkäufer und reden ihnen ein: Die nationale Sicherheit erfordere dies ... Euer Nachbar hat soeben die Waffen der neuesten Generation gekauft ... Diese Art von Handel ist ein teuflisches Räderwerk: Man beginnt mit der Produktion von Verteidigungswaffen, dann verkauft man Waffen, um die Produktion aufrechtzuerhalten, und schließlich produziert man Kriege, um weiter Waffen verkaufen zu können."

Das Fasten von Orléans

Dom Helder weiß, wie sich die europäischen Staaten an diesem Geschäft beteiligen. Am Ende einer Konferenz, die am 23. Mai 1970 in Orléans stattfand, fragte ihn einer der dreitausend Zuhörer: „Die französische Regierung hat kürzlich den Beschluß gefaßt, 16 Mirages an Brasilien zu verkaufen. Wie denken Sie darüber?" Er antwortete ohne Umschweife: „Das ist ein Skandal für Brasilien und für Frankreich." Um so mehr, als zu der Zeit der Nordosten von einer schrecklichen Dürre heimgesucht wurde.

Wie können wir unserem Protest Ausdruck verleihen? fragten sich mehrere Vorkämpfer der Gruppe für die Gewaltlosigkeit in Orléans. Ihr Anführer, der Lehrer Jean-Marie Muller, und ein Priester, Jean Desbois, entschlossen sich zu einem zweiwöchigen Hungerstreik als Zeichen des Protests. „Wir können nicht von diesem Brot essen, das wir gegen Waffen eingetauscht haben“, schrieben sie an den Präsidenten der Republik, Georges Pompidou. Im Kloster Béthanien bei Orléans nahmen die beiden Freiwilligen vom 19. Juni bis zum 3. Juli keine Nahrung zu sich. Ihre Geste fand die Aufmerksamkeit der Presse und rief eine Solidaritätsbewegung hervor, eine Kette von Hungerstreiks: in Paris, Lyon, Toulouse, Montpellier, Perpignan ... Die Teilnehmer sprachen mit ihren Besuchern und verteilten Informationsschriften.

In Clermont-de-l'Oise schickte man die durch das Fasten eingesparte Geldsumme an Helder Camara. In Roanne legten 105 Schüler des Gymnasiums am Tag einer nuklearen Explosion auf dem Mururoa-Atoll einen Fasttag ein. Zahlreiche Bürger schrieben an den Staatschef, um ihre Solidarität mit Muller und Desbois zum Ausdruck zu bringen. Die beiden erhielten den Durchschlag von mehr als 1.000 solcher Briefe.

Mehrmals während des Hungerstreiks besuchte Msgr. Riobé, der Bischof von Orléans, seine beiden Freunde. Er unterstützte sie auch durch einen offenen Brief: „Wir haben das Zeugnis von Dom Helder als einen direkten Appell an unser Gewissen verstanden. Wenn wir uns mit der *Aktion Gerechtigkeit und Frieden*, die Dom Helder in seinem Land mit viel Mut gegründet hat, solidarisch erklären wollen, müssen wir hier bei uns den gleichen Kampf führen. Unsere Verantwortung ist unmittelbar gefordert. Wie könnten wir es akzeptieren, uns zu bereichern durch den Verkauf dieser Mirages an ein Land, in dem so viele Menschen des Brotes und der Freiheit beraubt werden?“ Auf diesen Brief bekam Bischof Riobé so viel Post wie nie zuvor, überwiegend Schmähungen ... Doch auch die Bischöfe anderer Städte schlossen sich seinem Protest an: Toulouse, Reims, Arras, Blois, Nantes ... Das explosive Wort des brasilianischen Erzbischofs hatte eine wahre Kettenreaktion ausgelöst.

Dom Helder schlägt freilich nicht nur an die Brust der anderen. „Mein Land“, sagte er später, „nimmt unter den Waffenverkäufern einen Ehrenplatz ein. Aber wir Brasilianer lehnen die Ehre ab, Fabrikanten des Todes zu sein. Wenn mein Land den Krieg nicht kennengelernt hat, hat es doch davon zu profitieren gewußt. Die kriegführenden Länder benötigten Rohstoffe. Für Brasilien, das darüber verfügte, war dies eine wahre Fundgrube ...“

Der Friedensvolkspreis

Viele Menschen in aller Welt waren der Meinung, Dom Helder hätte den Friedensnobelpreis verdient. Wiederholt war er von zahlreichen Persönlichkeiten oder Vereinigungen der Jury in Oslo vorgeschlagen worden. Ohne Erfolg. So beschlossen die Kirchen Norwegens und Schwedens, unterstützt von den Gewerkschaften und Jugendorganisationen, ihm parallel zum Nobelpreis einen Friedensvolkspreis zuzuerkennen. Es war in der Tat ein „Volkspreis“, denn aus ganz Skandinavien, aus den Niederlanden, Belgien, Deutschland und Frankreich trafen Spenden ein, insgesamt 175.000 Dollar. Msgr. Camara verwendete sie zum Kauf von zwei Plantagen, die von Genossenschaften bebaut werden sollten. Die Arbeiter sollten sofort Eigentümer werden können.

Der Preisträger nahm seinen Preis am 10. Februar 1974 in Oslo in Empfang. Auf die Frage, was ihm der Preis bedeute, antwortete er: „Ich bin nicht so eitel zu glauben, der Preis gelte mir persönlich. Ich stehe nur stellvertretend für alle in der Welt, die für die Gerechtigkeit kämpfen. Ich denke an Gandhi, der gestorben ist, ohne von den Menschen eine Belohnung zu erhalten. Ich denke an meinen Bruder Martin Luther King und an all die, die für die Sache der Gerechtigkeit im Gefängnis sitzen. Ich denke an Danilo Dolci, der in Italien für den menschlichen Fortschritt in den unterentwickelten Regionen kämpft. Ich denke an meinen brasilianischen Bruder, Paolo Freire, der in Frankreich im Exil ist, weil er die Bewußtseinsbildung so betrieben hat, wie Gott es ihn verstehen ließ . . .“

Später teilte der Argentinier Perez Esquivel, der 1980 den Friedensnobelpreis erhielt, seinen Preis mit Helder Camara. Als Esquivel an einer Versammlung der Landarbeiter des Nordostens teilnahm, überreichte er Dom Helder die Goldmedaille, um symbolisch zum Ausdruck zu bringen, für wen sie eigentlich bestimmt sei: „Ich habe sie im Namen aller Unterdrückten erhalten und vertraue sie Dom Helder an, denn ich bin nur sein bescheidener Schüler.“

17 Universitäten haben ihn zum Ehrendoktor für Sozialwissenschaften und Recht ernannt, darunter angesehene Institute wie Harvard, die Sorbonne, Löwen und Münster. Was bewegt ihn, solche Ehren anzunehmen? „In Brasilien gelte ich als subversiv. Da aber diese Universitäten ein gewisses Ansehen genießen, verleihen diese Auszeichnungen den Ideen, die ich verbreiten möchte, Glaubwürdigkeit. Aber ich wiederhole, daß ich sie nie für mich annehme, als hätte ich sie verdient. Ich bin nur der Vertreter der *sem vez e sem voz*, der Menschen ohne Chance und ohne Stimme.“ Als er in Harvard den Ehrendoktortitel entgegennahm, sagte er: „Ich erhebe mein Glas auf die, die uns während des Mahls bedienen, die Schwarzen . . .“ Diesen Worten ließ er gleich die entsprechende Geste folgen: Er ging zu ihnen und umarmte sie.

Bei der Ernennung zum Doktor honoris causa an der Sorbonne schlug er die Schaffung einer Friedensakademie vor, wie es ja längst Kriegsschulen gibt. Sie solle die Mechanismen dieses Wahnsinns, des Krieges, analysieren und die schöpferische Phantasie in den Dienst des Friedens stellen. „Ich deute zwei konkrete Probleme an, die ein solches Institut in Angriff nehmen könnte. Beim Konzil bereiteten wir uns darauf vor, eine totale Verurteilung des Krieges einzubringen, als uns eine Delegation amerikanischer Arbeiter aufsuchte und sagte: ‚Verurteilt nicht absolut alle Kriege, denn sonst käme es zu einer Wirtschaftskrise und Arbeitslosigkeit.' Es wäre Aufgabe einer Friedensakademie, eine interdisziplinäre Gruppe zu gründen, die untersucht, wie die Kriegsindustrien in Friedensindustrien umgewandelt werden können. Als zweites möchte ich die Festlegung der Preise im internationalen Handel nennen. Als die arabischen Staaten beschlossen, selbst den Ölpreis festzulegen, ging Henry Kissinger so weit, daß er Kriegsandrohungen aussprach. Das Problem der Preise ist vielschichtig und erfordert vertiefte Studien. Das wäre eine weitere Aufgabe für eine Friedensakademie."

Eine der Wurzeln des Krieges sieht Dom Helder in jenem römischen Grundsatz, der heidnisch ist und an dem sich die Staatslenker – und viele Christen! – immer noch orientieren: *Si vis pacem, para bellum* (Wenn du Frieden willst, rüste für den Krieg). Diesem geflügelten Wort stellt Dom Helder ein anderes Motto entgegen: „Wenn du den Frieden willst, bereite den Frieden vor." Es ist ein Wort von Papst Paul VI., ein Handlungsgrundsatz, welcher der Kirche Jesu Christi würdig ist.

Ein Mann der Kirche

„Ich liebe zutiefst meine Mutter, die Kirche ... Ohne die Kirche gäbe es keinen Dom Helder. Ich wäre weder Bischof noch Priester, nicht einmal Christ." Msgr. Camara ist kein Freischärler. Er will Rom treu sein. Als die Enzyklika *Humanae vitae* erschien, die zumindest in den reichen Ländern sehr umstritten ist, war er erfreut, daß darin der „demographische Kolonialismus" der Amerikaner verurteilt wurde, die versuchten, die Märkte der Dritten Welt mit empfängnisverhütenden Pillen zu überfluten. Mehrfach wurde er von Freimaurern eingeladen, in ihren Logen zu sprechen. Er lehnte ab, weil Rom es verboten hatte. Als 1968 und in den Jahren darauf der Wind des Protests wehte, mahnte er die Jugendlichen zu Besonnenheit: „Manche sind versucht zu sagen: ‚Um Christus treu zu sein, muß man mit der institutionellen Kirche brechen.' Für mich ist das Gegenteil richtig. Ich bin darauf angewiesen, mich auf der Linie des Papstes zu wissen."

„Sind Sie kein Progressiver?" fragte ihn Jacques Chancel 1970 in der Sendung *Radioscopie*. Dom Helder antwortete mit dem Vergleich des Automobils: „Manche sind so ängstlich, daß sie immer bremsen wollen. Andere stehen so unter Druck, daß sie nur ans Beschleunigen denken. In Wahrheit braucht die Kirche zugleich eine Bremse und ein Gaspedal." Eine andere Fangfrage: „Sind Sie für die horizontale oder die vertikale Kirche?" Er deutet auf das Kreuz an seiner Brust: „Das Kreuz hat gleichzeitig einen horizontalen und einen vertikalen Balken. Mit Gott verbunden und den Menschen nahe. Weder der vertikale noch der horizontale Balken sind für sich allein ein Kreuz. Beide sind notwendig. Sie sind für immer verbunden, wie Christus für immer die Gottesliebe und die Nächstenliebe miteinander vereint hat."

Die Kirche hat zwei Gesichter: „Sie ist zugleich göttlich und sündig: göttlich durch ihren Gründer, aber zur selben Zeit unserer menschlichen Schwäche ausgeliefert. Deshalb muß sie sich immer vom Staub befreien und bekehren. Sie braucht den Mut, an ihre eigenen Strukturen zu rühren, sonst hat sie nicht die moralische Autorität, die gesellschaftlichen Strukturen zu kritisieren. So steht etwa der Wunsch, die traditionelle Gemeinde auf ewig zu erhalten, selbst zum Konzil von Trient im Widerspruch: Dort wurde die Pfarrgemeinde als Territorium definiert, das es dem Pfarrer erlaubt, die Bewohner persönlich zu kennen. Das aber ist in unseren modernen Städten praktisch unmöglich." Bekanntlich sind die Basisgemeinden die Hoffnung Dom Helders.

Eine zweifache Befreiung

Dom Helder wird oft zur Befreiungstheologie befragt. „*Befreiung*", erklärt er, „ist ein biblisches Wort. Als das Volk der Israeliten in Ägypten unter der erdrückenden Herrschaft des Pharaos stand, schrie es zum Herrn. Und der Herr hat sein Schreien gehört. Um es zu befreien, hat er den Mose gerufen. Wie könnte man glauben, daß in unseren Tagen, in denen zwei Drittel der Kinder Gottes im Elend leben, der Herr taub bliebe gegenüber dem Schrei seines Volkes? Das Problem liegt darin, daß einige der Versuchung der Radikalität erliegen. Die einen denken vor allem an die geistliche Befreiung und vergessen dabei die menschliche Befreiung, ja lehnen sie ab, weil sie viele Güter besitzen. Andere sind so von der Dringlichkeit der menschlichen Befreiung eingenommen, daß sie sagen: ‚Beten? Später hat man dafür immer noch Zeit.' Nein. Die beiden Arten der Befreiung sind untrennbar. Ein Christ muß für beides arbeiten. Wie der Vater, der Schöpfer, möchte, daß wir an der

Schöpfung mitwirken, so will der Sohn, der Erlöser, daß wir Miterlöser sind und die Befreiung, die er begonnen hat, fortführen. Befreiung von der Sünde und Befreiung von den Konsequenzen der Sünde gehören zusammen."

Diese zweifache Befreiung, die „geistliche" und die „weltliche", sah Dom Helder zu seiner Freude beim Internationalen Eucharistischen Kongreß in Philadelphia 1976, im 200. Jahr der Unabhängigkeit der Vereinigten Staaten, verwirklicht. Zur Vorbereitung dieser feierlichen Huldigung für den eucharistischen Christus hatten die amerikanischen Bischöfe eine Reihe regionaler Kongresse organisiert, die unter dem Thema standen: „Freiheit und Gerechtigkeit für alle", ein Titel, der dem Fahneneid der Soldaten entnommen war. Die Gläubigen sollten sich fragen: „Ist das nur ein schöner Slogan, oder kommt er in unseren Familien, in unseren Gemeinschaften und Unternehmen zur Anwendung? Gibt es wirklich Freiheit und Gerechtigkeit für die Schwarzen, für die Mexikaner, für die Puerto-Ricaner? Begünstigen die Vereinigten Staaten in der Welt die Freiheit und Gerechtigkeit für alle?"

Im Juli 1976 fand dann in Philadelphia der Eucharistische Kongreß statt. Die Stadt schien dazu vorbestimmt: *Philadelphia* heißt „brüderliche Liebe", und der Gründer der Stadt, William Penn, ein Apostel der Gewaltlosigkeit, hatte diesen Namen mit Absicht gewählt. Es gehörte zu den beeindruckendsten Momenten des Kongresses, als auf dem Podium zwei „Propheten" der heutigen Zeit standen: Mutter Teresa und Helder Camara, zwei gebrechliche Gestalten mit leicht gekrümmten Rücken, die unter der Last des Elends in der Welt gebeugt zu sein schienen, zwei runzlige, aber vor Freude strahlende Gesichter. In einer spontanen Geste ergriff der Erzbischof die Hände von Mutter Teresa und küßte sie im Namen der Armen.

Diese beiden Zeugen der Liebe waren gewissermaßen eine lebendige Illustration des Programms dieses Kongresses: „Die Eucharistie und der Hunger der Welt". Hunger nach Gott.

Und auch Hunger nach Brot (ein Fasttag wurde vorgeschlagen, um Solidarität mit den Hungernden zu üben); Hunger nach Gerechtigkeit (César Chavez berichtete über seine gewaltlosen Kampagnen mit den Landarbeitern); Hunger nach Freiheit (Millionen Christen werden um ihres Glaubens willen verfolgt); Hunger nach Frieden („Das Wettrüsten bedroht die Rechte der Armen“, hatten die amerikanischen Bischöfe soeben erklärt).

Welchen Weg hatte Dom Helder beschritten vom Eucharistischen Kongreß in Rio zwanzig Jahre zuvor bis zu dem in Philadelphia! Längst hatten sich für ihn die eucharistische Anbetung und der Kampf für die Gerechtigkeit untrennbar miteinander verbunden. Dazu äußerte er sich im Juli 1981 beim Internationalen Eucharistischen Kongreß in Lourdes. Bei einem vorbereitenden Symposium in Toulouse sagte er: „Man muß lernen, vom Sakrament der Eucharistie zur Eucharistie der Armen zu kommen. Vielleicht ist dieser Ausdruck ein wenig zu stark. Aber was ist die Eucharistie? Für uns ist sie, unter der Gestalt von Brot und Wein, die reale Gegenwart Christi. Und was ist ein Armer? Unter dem Anschein des Elends – eines realen Elends – ist in ihm Christus wirklich gegenwärtig.“

Er verdeutlicht diesen Gedanken mit einem Gleichnis aus seinem Erfahrungsbereich: „Eines Tages kamen in Recife Gläubige zu mir und berichteten unter Tränen: Ein Dieb war in ihre Kirche eingedrungen, hatte den Tabernakel aufgebrochen und die Hostienschale mitgenommen. Sie hatten Hostien im Schlamm gefunden und baten mich um eine Messe zur Buße. Natürlich bin ich diesem Wunsch nachgekommen. Als ich während der Messe den Eifer der Gemeinde für die Eucharistie lobte, sagte ich: Meine Brüder und Schwestern, wie verblendet sind wir doch! Die Entdeckung von geweihten Hostien im Schlamm hat uns im Herzen getroffen. Aber daß Christus im Schlamm liegt, das ist bei uns etwas Alltägliches. In den unmenschlichen Elendswohnungen mitten im Morast muß unser Glaube unserem lebendigen Herrn Jesus Christus begegnen.“[12]

Welche Politik?

„Wie viele Seelen zählt Ihre Diözese?“ wird Dom Helder gelegentlich gefragt. Er liebt solche Fragen nicht. „Christus hat zu seinen Aposteln gesagt: Ihr werdet Menschenfischer sein, nicht Seelenfischer. Ich habe nie Seelen ohne Fleisch und Blut getroffen . . . In der Vergangenheit, das gestehe ich ein, waren wir so darum besorgt, die soziale Ordnung zu bewahren, daß wir ein passives Christentum vorstellten und Geduld, Gehorsam und das ewige Leben predigten. Wenn ich heute in ein Elendsviertel gehe, sage ich den Leuten: Es ist nicht möglich, in diesem Dreck zu leben und Kinder aufzuziehen. Sie sagen mir: Vater, man muß den Willen Gottes annehmen. Dann erwidere ich ihnen: Der Wille Gottes, das ist nicht das Elend. Diese Ungerechtigkeiten sind Menschenwerk. Es liegt an uns, uns nicht damit abzufinden und für einen Wandel zu kämpfen.“

Für einen Wandel kämpfen? „Aber, Dom Helder, Sie machen Politik!“ Er antwortet: „Politik, das ist im weiten und edlen Sinne des Wortes die Quelle des Gemeinwohls. Es wäre ein Mißverständnis unserer Sendung, wenn man sie auf die Dimension der Sakristei und einer Quelle für die Ewigkeit einschränken wollte. Die Ewigkeit beginnt hier und heute.“

Freilich unterscheidet Dom Helder die Rolle der Hierarchie und die der Laien. „Der heilige Paulus vergleicht die Gesellschaft mit dem menschlichen Körper. In unserem Körper hat jedes Glied seine eigene Funktion; keines kann alle ausüben oder auf die anderen verzichten. So ist es mit der Gesellschaft. Alle müssen sich mit der Politik beschäftigen, soweit es um das Gemeinwohl geht. Aber das konkrete Engagement in einer Partei ist Sache der Laien, nicht des Klerus.“ In diesem Punkt hat Dom Helder sich „bekehrt“. „In meiner Jugend habe ich, mit dem Einverständnis, ja sogar auf Wunsch meines Bischofs, für die ‚integralistische‘ Partei gearbeitet, die sich an Salazar und Mussolini orientierte, sowie für die katholische Wahlliga, die Druck auf die Kandidaten ausübte, damit sie sich auf ein von der Kirche vorbereitetes Programm verpflichteten. Doch recht bald habe ich verstanden, daß es nicht die Aufgabe eines Priesters und noch weniger die eines Bischofs ist, auf die Politik durch eine Partei Einfluß zu nehmen."

Bei meiner ersten Brasilienreise 1963 sagte man mir allenthalben: „Dom Helder ist der populärste Mann unseres Landes. Wenn er bei den Präsidentschaftswahlen kandidierte, bekäme er drei Viertel der Stimmen." Bei den Wahlen des Jahres 1960 waren politische Parteien an ihn herangetreten, um vorzutasten, ob er für das Amt des Vizepräsidenten zur Verfügung stünde. Dom Helder hat von Anfang an verhindert, daß eine solche Hoffnung aufkäme.

„Kommunist!"

„Helder *coma*!" Mit dieser Abkürzung für „Kommunist" wird Helder Camara oft bedacht. Varianten des Vorwurfs lauten: *Marxist, Subversiver, der rote Erzbischof*. Das Schreckgespenst des Kommunismus hervorzuziehen, um bestimmte Interessen zu verteidigen oder eine Ideologie zu verdecken, das ist ein altbewährtes Rezept. Im besetzten Frankreich stand auf einer Wandreklame für den Zwangsarbeitsdienst in Deutschland: „Stellt eure Arbeit zur Verfügung, um Europa vor dem Bolschewismus zu retten."

In Brasilien wurde die Furcht vor dem Kommunismus auf die Spitze getrieben. In einem solchen Klima konnten selbst gemäßigte Vorschläge als subversiv betrachtet werden. Dom Helder berichtet von einem Gespräch mit einem General: „Herr General, warum nennen Sie mich Kommunist? Warum verfolgt ihr Militärs all die als Subversive, die sich für eine menschliche Entwicklung abmühen?" – „Das ist ganz einfach zu erklären: Es ist leichter und geht schneller, dem Volk die Augen zu öffnen, als Reformen durchzuführen. Wenn Sie also weiterhin den Leuten die Augen öffnen und ihnen die Idee von Reformen in den Kopf setzen, die nicht sofort verwirklicht werden können, dann sind Sie zwangsläufig ein Aufrührer, ein Subversiver. Wenn das kritische Bewußtsein erst einmal geweckt ist, wird das nur den Kommunisten zugute kommen." – „Wenn hier etwas subversiv ist, Herr General, dann ist es die Situation, in der das Volk lebt."

In einem lapidaren Satz erklärt Dom Helder: „Wenn ich helfe, den Hunger der Armen zu stillen, nennt man mich einen Heiligen. Wenn ich frage, warum sie Hunger leiden, klagt man mich an, ein Kommunist zu sein."

Dabei hat der Erzbischof immer wieder sehr deutlich seine Opposition zum Marxismus zum Ausdruck gebracht. „Ich kritisiere den Kapitalismus, das ist richtig; und ich gehe hart mit den Vereinigten Staaten um. Aber ich bin in gleicher Weise auch sehr streng mit den Supermächten des Ostens, der UdSSR und China, die ich als die schlimmsten Entstellungen des Sozialismus betrachte. In der Theorie definiert sich der Marxismus als ein Humanismus, ja als einzigen wissenschaftlichen Humanismus. In der Theorie beruft er sich auf tief menschliche Werte: Frieden, Solidarität, Brüderlichkeit unter den Menschen, Emanzipation des Arbeiters. In der Praxis hat er den Eisernen Vorhang und die beschämende Mauer errichtet. In der Praxis hat sich das Denken von Marx in ein Dogma verwandelt, einschließlich der Sicht der Religion als im Wesen entfremdet und entfremdend; daher kommt der militante Atheismus, die Religionsverfolgung. In der Praxis geht der Klassenkampf weiter, denn die Diktatur des Proletariats ist noch nicht zu der von Marx vorhergesehenen paradiesischen Phase gelangt ..."

Auf Initiative der Wochenzeitschrift *La Vie* konnten Jugendliche ihm Fragen stellen:

– Wenn Ihnen ein kommunistisches Land einen Friedenspreis anböte, würden Sie dann ebenso bedenkenlos auch dorthin fahren, wie Sie nach Japan gefahren sind, um einen buddhistischen Preis entgegenzunehmen?

– Nein. Denn, ich habe immer gesagt, daß ich nur dorthin gehe, wo ich sicher sein kann, ein brüderliches, aber freies Wort sagen zu können, ohne daß mein Wort zu Propagandazwecken mißbraucht wird. Es gibt nur ein Land, in dem ich akzeptiert habe, ohne Freiheit zu sein; und das ist Brasilien, weil es mein eigenes Land ist.
– Kann ein Christ, der die Welt im Namen seines Glaubens und seiner Hoffnung verändern will, sich für einen so kompromittierenden Weg entscheiden wie den der marxistischen Revolutionen?
– Ich respektiere viele, die in einer Gewissensentscheidung eine solche Wahl treffen. Aber ich möchte Ihnen freimütig sagen, daß, wenn dies die Wahl des von den großen Hauptstädten des Staatskommunismus festgelegten, kommandierten und protegierten Weges ist, – daß ich das dann zwar respektiere, aber nicht teile. Gewiß bedeutet das vielleicht Befreiung von einer Sklaverei, zugleich aber auch den Sturz in eine andere Sklaverei. Aber es gibt viele Situationen, in denen ein Kampf zusammen mit Kommunisten zugunsten der Menschen einen Schritt nach vorne auf dem Weg der Gerechtigkeit bedeuten kann. Aber das ist etwas ganz anderes. Wir alle kennen Kommunisten, die Kommunisten sind, weil das ihre Art und Weise ist, an den Menschen zu glauben und ihren Brüdern und Schwestern zu dienen, und nicht weil sie wollten, daß Moskau, Peking oder Havanna mehr Macht bekäme.

Mit ihnen kann man für mehr Gerechtigkeit kämpfen. Ich halte die Unterscheidung, die Johannes XXIII. in der Enzyklika *Pacem in terris* getroffen hat, für sehr wichtig: ‚Man muß unterscheiden zwischen dem Irrtum, der immer zu verwerfen ist, und dem Irrenden, der seine Würde als Person stets behält, auch wenn ihn falsche oder weniger richtige religiöse Auffassungen belasten.'"[13]

Trotz dieser Klarstellungen wird man sicher auch in Zukunft Helder Camara mit dem Etikett des „Subversiven" versehen. „Ich befinde mich in guter Gesellschaft", lächelt er und erwähnt seinen Kollegen beim Konzil, Kardinal Liénart, den Bischof von Lille. Dieser war bekannt für seine sozialen Stellungnahmen. Als man ihn in Rom zur Anzeige brachte, weil er mit dem Marxismus „flirte", stützte Pius XI. den 46jährigen in einer aufsehenerregenden Geste ... mit dem Kardinalshut.

Gedeckt von Paul VI.

Es gab Versuche, die Stimme dieses Mannes, den man in seinem eigenen Land mundtot gemacht hatte, auch außerhalb Brasiliens zum Schweigen zu bringen. Dabei hätte man die Römische Kurie einschalten müssen. Im Februar 1978 ging das Gerücht um, der Vatikan habe Msgr. Camara ersucht, er möge seine Auslandsreisen einstellen, um sich seiner weiten Diözese zu widmen.

Das Gerücht erregte in aller Welt einige Aufregung. An der Universität Löwen forderten 25 Priester und 300 Studenten der Theologischen Fakultät, daß man „eine prophetische Stimme" nicht ersticken solle. Msgr. Riobé schrieb in der *Semaine religieuse* von Orléans: „Ein Bischof ist nicht eingesperrt in das Territorium einer Diözese. Mit dem Papst und den anderen Bischöfen hat er die Aufgabe, in Treue zum Heiligen Geist bis an die Enden der Erde zu wirken. In diesem Sinn ist Dom Helder Camara wirklich Bischof. Er trägt Sorge für alle Kirchen." Die belgische Bischofskonferenz bat Rom um Klarstellung. Kardinal Villot, der Staatssekretär, antwortete Kardinal Suenens, dem Vorsitzenden der Konferenz, daß man die fragliche Information dementieren könne. Das Presseamt des Vatikans stellte seinerseits am 22. März 1978 klar, daß „der Heilige Stuhl von Msgr. Camara nie verlangt hat, keine Reisen mehr zu unternehmen", aber es gestand ein, „daß er von einem seiner Mitbrüder eingeladen worden ist, mehr Rücksicht auf die pastoralen Bedürfnisse seiner weiten Erzdiözese zu nehmen ..." Dom Helder wahrte in dieser Affäre das Schweigen. Am 15. Juni wurde er von Papst Paul VI. empfangen. „Das Gespräch war sehr warmherzig“, erklärte Dom Helder dem Radio Vatikan. „Der Heilige Vater hat mir einen Kelch als Zeichen der Gemeinschaft überreicht. Da er weiß, daß ich manchmal gerufen werde, in der Welt herumzureisen, hat er auch all die gesegnet, zu denen ich mich begebe.“

So wurde Dom Helder praktisch von höchster kirchlicher Stelle „gedeckt“. Sonst hätte sein Herz geblutet. „Die schlimmste Demütigung für mich wäre, das Vertrauen des Papstes zu verlieren.“ Und er ist froh, sagen zu können: „Ich hatte das Privileg und die Freude, eine Privataudienz bei Pius XII. zu bekommen, dreimal auf unvergeßliche Art und Weise von Johannes XXIII. empfangen zu werden und zahlreiche Begegnungen mit dem Prälaten Msgr. Montini zu haben, dann mit dem Bischof Montini, mit dem Kardinal Montini und dann mit Papst Paul VI. Schließlich konnte ich mehrmals mit Papst Johannes Paul II. zusammensein.“

Johannes Paul II. in Recife

Im Empfangszimmer von Dom Helder fällt der Blick des Besuchers sofort auf ein großes Foto von Johannes Paul II. und dem Erzbischof, die sich in großer Herzlichkeit umarmen. Es wurde während der ersten Lateinamerika-Reise des Heiligen Vaters am 7. Juli 1980 in Recife aufgenommen.

Die Reise war sorgfältig vorbereitet worden. „Einen Monat vorher schrieb der Papst der brasilianischen Bischofskonferenz und bat, ihm die zehn Fragen zu nennen, die sie für die wesentlichen hielt, und die zehn Orte, die am besten geeignet wären, darüber zu sprechen. Er wünschte, daß man ihm zu jeder Frage die Sicht des jeweiligen Ortsbischofs darlegte. Man schlug ihm vor, in Recife über das Bodenproblem zu sprechen. Ich habe ihm schriftlich mitgeteilt, wie ich darüber denke. Eine Woche vor seiner Ankunft erhielt jeder der betreffenden zehn Bischöfe den Text der Homilie, die Johannes Paul II. in seiner Stadt halten wollte. Wir waren eingeladen, den Entwurf zu kritisieren und all das zu korrigieren, was uns notwendig schien. Ich habe die unmittelbar Betroffenen eingeladen: Bauernführer, Leaders aus den Favelas, Mitglieder der Kommission für die *Landpastoral* und Rechtsanwälte und habe ihnen den Entwurf der Papstrede vorgelesen. Wir waren sehr beeindruckt: Das war das Wort, das wir uns aus tiefstem Herzen wünschten."[14]

Zu der Zeit meinten, genauer: hofften einige, daß Johannes Paul II. Msgr. Camara die Leviten lesen würde ... Als der Papst, von Salvador de Bahia kommend, am Nachmittag des 7. Juli auf dem Militärflughafen landete, ging er gleich auf den Erzbischof zu, der inmitten der Militäruniformen verloren dastand, und drückte ihn lange an sich. Dann nahmen die beiden Männer Seite an Seite Platz im *Papstmobil*, an das sich 16 bewaffnete Männer klammerten: Sicherheit ist unerläßlich. Einige Tage vorher war beim *Diaro do Pernambuco*, einer Zeitung von Recife, ein anonymer Anruf angekommen: „Wenn wir Camara neben dem Papst sehen, schießen wir ihn nieder." Doch der Erzbischof legte Wert darauf, daß das Volk dem Heiligen Vater einen ehrenvollen Empfang bereitete. So begleitete er den Papst inmitten einer jubelnden Menge auf der rund 30 Kilometer langen Strecke.

Zur Messe mit dem Papst kamen 300.000 Leute aus der ganzen Region Pernambuco nach Recife. Für diesen Gottesdienst hatte man gegenüber von einem großen Park auf einem Viadukt einen Altar errichtet. „Heiliger Vater", sagte Dom Helder, „ich bin sicher, daß Sie alle umarmen möchten, jeden einzelnen. Erlauben Sie mir, in ihrer aller Namen Ihre Hand zu küssen." Die Menge rief: *„Rei, rei, rei, Dom Helder e nosso rei!* Dom Helder ist unser König!" Johannes Paul II. begann seine Rede mit diesen Worten: „Lieber Dom Helder, Bruder der Armen, mein Bruder." Einige zentrale Sätze seiner langen Ansprache fanden lebhaften Beifall: „Das Land ist ein Geschenk

Gottes, ein Geschenk für alle Menschen. Es ist deshalb nicht erlaubt, es in einer Weise zu verwalten, daß nur einige wenige von seinen Früchten profitieren." Folglich „müssen alle Möglichkeiten der Gesetzgebung aufgeboten werden, damit es dem Wohl aller Menschen zugute kommt, und nicht lediglich den Interessen von Minderheiten oder einzelnen Personen."

Der Papst spielte auch auf die multinationalen Konzerne an, die sich in der Region riesige Domänen schaffen und die kleinen Besitzer vertreiben. „Den Bauern von seinem Territorium zu vertreiben und ihn zum Auszug in die großen Metropolen zu drängen, zu einem Exodus voller Ungewißheiten, oder ihm nicht seine Rechte auf den legitimen Landbesitz zu gewähren, das heißt, seine Rechte als Mensch und als Kind Gottes zu mißachten." Der Papst stellte klar: „Nie ist der Mensch ein Werkzeug der Produktion ... Die Arbeit ist für den Menschen da, und nicht der Mensch für die Arbeit."

Über solche Äußerungen waren nicht alle Gruppen seiner Zuhörerschaft erfreut. Auf der einen Seite des Altars war die offizielle Tribüne, auf der anderen standen die geladenen Gäste des Bischofs von Recife: 40 Bauern aus Pernambuco. Diese, nicht die großen Persönlichkeiten, empfingen als erste die Kommunion aus der Hand von Johannes Paul II. Nach der Feier gingen der Heilige Vater und der Erzbischof inmitten der Menge zu Fuß durch die Stadt, auf die sich inzwischen die Nacht gesenkt hatte. Schließlich begleitete Dom Helder den Heiligen Vater zu seiner Wohnung. „Ich wollte ihm sein Zimmer zeigen, aber zunächst sind wir in die Kapelle gegangen. Der Papst hat sich ins Gebet versenkt. Einige Minuten später hatte er bereits neue Kraft gefunden." Der Erzbischof breitete dann den Stadtplan von Recife vor ihm aus und zeigte ihm, wo die Favelas liegen.

Dom Helder war begeistert über den Verlauf der Reise von Johannes Paul II.: „Er sagt, was gesagt werden muß. Dieses Mal können die Presse und das Fernsehen seine Reden nicht verfälschen, wie sie es damals bei den Konferenzen von Medellín und Puebla machten." In der Tat schien sich die brasilianische Regierung in großer Verlegenheit zu befinden. Täglich unterstrichen die amtlichen Stellungnahmen die Bedeutung der päpstlichen Äußerungen, aber gleichzeitig waren die Leitartikel der Presse eifrig bemüht, Widersprüche zwischen der brasilianischen Bischofskonferenz und dem Heiligen Vater aufzuspüren. Die Bevölkerung ließ sich dadurch nicht irreführen. Sie sah, daß Johannes Paul II. gekommen war, um für die Gerechtigkeit einzutreten, und nicht, um die Ordnung in der brasilianischen Kirche wiederherzustellen ...

Auch die nächste Etappe des Papstes war für Dom Helder eine Genugtuung: der Besuch in Fortaleza, seinem Geburtsort und dem Bischofssitz seines Freundes, des Kardinals Aloisio Lorscheider. Der Papst eröffnete den zehnten Nationalen Eucharistischen Kongreß, der unter dem bezeichnenden Thema stand: „Eucharistie und Abwanderung". Wie der Kongreß von Philadelphia stellte auch dieser die Verbindung her zwischen der Gegenwart Christi in der Eucharistie und in den Menschen. Diesmal dachte man besonders an die Menschen, die ihre Heimat verlassen müssen.

Im Jahr darauf erhielt Dom Helder von Johannes Paul II. ein weiteres Zeichen der Wertschätzung. Der Papst schrieb ihm: „Da der 15. August [1981] herannaht, an dem Du Dein goldenes Priesterjubiläum feierst, haben wir mit Freude vernommen, daß Du dieses feierlichen Augenblicks gemeinsam mit dem Klerus, Deinem Volk und auch mit den acht ehrwürdigen Priestern, die am selben Tag des Jahres 1931 geweiht wurden, gedenken willst. Deinem Wunsch entsprechend werden sie mit Dir konzelebrieren. Wir vereinen uns mit Freude mit dieser Zeremonie." Es folgt eine Lobrede auf den Erzbischof: „Alle wissen, wie sehr die Güte Gottes Dich mit Gaben, Talenten und Frömmigkeit überhäuft hat ... Du hast zahlreiche Missionen von unschätzbarem Wert erfüllt ... Gott und Deine

Brüder sind für Dich zwei Pole eines einzigen Bogens gewesen, aus dem Funken der Liebe herausströmten ..."

Diese Anerkennung zählt für Dom Helder mehr als alle ehrenden Auszeichnungen. Denen, die sich wundern, daß er nicht Kardinal geworden ist, antwortet er: „Ich habe das Geschenk des Lebens erhalten; dann, in der Taufe, das Geschenk des göttlichen Lebens; in der Firmung auf ganz besondere Weise den Heiligen Geist und seine sieben Gaben; dann das Amtspriestertum und mit dem Bischofsamt die Fülle des Priestertums. Was sollte ich mehr wünschen?"

1984 erreichte Dom Helder die kanonische Altersgrenze von 75 Jahren. Er bot Johannes Paul II. seinen Rücktritt an, doch dieser nahm das Gesuch erst im Jahr darauf an. Zum Nachfolger bestimmte er Dom José Cardoso Sobrinho, einen 51jährigen Karmeliter, der zuvor Erzbischof von Paracatu gewesen war. „Ich habe dem Heiligen Vater gesagt: Der, den Sie wählen, ist für mich der von Gott Erwählte." Am 16. Juli 1985, dem Fest Unserer Lieben Frau vom Karmel, der Schutzpatronin von Recife, stellte Dom Helder dem ganzen Volk Dom José als den neuen, von Gott erwählten Hirten vor. Der junge Erzbischof zeigte sich sehr feinfühlig gegenüber seinem Vorgänger. Er bat ihn, in Recife zu bleiben: „Es ist die Diözese von uns beiden." Und denen, die ihn als konservativ einstuften, antwortete er: „Ich bin sehr konservativ ... Ich halte fest an den Ideen von Dom Helder Camara." In der Folgezeit hat sich dann bald gezeigt, daß die Pastoral von Msgr. Sobrinho nicht mehr die von Dom Helder ist ...

Was wird der alte Erzbischof aus seinem Ruhestand machen? „Johannes Paul II. hat mir gesagt: ‚Nutzen Sie den Ruhestand für die Diözese, aber nicht für Reisen. Da der Herr Ihnen die Gesundheit und einen klaren Verstand erhalten hat, müssen Sie weitermachen.' Ich werde also meine Mission fortsetzen, den Frieden als Frucht der Gerechtigkeit und der Liebe zu predigen." Auf die Frage, was er sonst noch unternehmen wolle, antwortet er: „Ich habe nie Pläne für mich persönlich geschmiedet. Der große Ehrgeiz meines Lebens war es immer, möglichst dem zu entsprechen, was mir der Wille Gottes für mich zu sein schien. An dem Tag, an dem ich in die Ewigkeit gelange, möchte ich in der einen Hand den Plan Gottes und in der anderen mein ganzes Leben sehen und sie miteinander vergleichen. Ach, wie würde ich mich freuen, wenn es trotz meiner Schwächen Übereinstimmungen gäbe!“

Dom Helder privat

Die Rua Henrique Diaz, eine Straße in Recife, bewahrt das Andenken an einen schwarzen Führer, der im 17. Jahrhundert gegen den holländischen Kolonialismus kämpfte. Hier steht die Kirche *Das Fronteiras*, deren Anbauten zur Wohnung für Dom Helder hergerichtet wurden. Als er 1968 das erzbischöfliche Palais verließ, hat er diese Unterkunft bezogen. Dort lebt der alte Erzbischof immer noch, arm, aber nicht im Elend. Er verfügt über drei Zimmer. Im ersten stehen ein runder Tisch und drei Stühle; eine Hängematte vom Amazonas ist vor dem Fenster aufgespannt. Er liebt es, darauf zu schaukeln, wenn er Musik hört. Das ist der Aufenthaltsraum. Das Nebenzimmer dient als Büro: ein Sessel, ein großer mit Schriftstücken überladener Tisch mit einer kleinen freien Fläche zum Schreiben, das ist alles. Der dritte Raum ist das Schlafzimmer. Die Ordensfrauen, Schwestern des heiligen Vinzenz von Paul, die nebenan wohnen und eine kleine Krankenpflegeschule unterhalten, bringen ihm das Essen.

Er lebt allein. Wenn Besucher an die Holztür klopfen, deren grüne Farbe den Glanz verloren hat, oder nach brasilianischer Sitte dreimal in die Hände klatschen, öffnet Dom Helder, der immer noch ein gutes Gehör hat, selbst die Tür und führt die Gäste in einen kleinen Garten, wo ein Rosenstrauch blüht.

Einen eigenen Wagen hat er nicht. Im übrigen fühlt er sich hinter dem Steuer nicht wohl, und noch weniger liegt es ihm, auf die Dienste eines offiziellen Fahrers zurückzugreifen. Doch an Fahrern fehlt es ihm nicht. Kaum ist er auf der Straße, hält nach wenigen Schritten ein Fahrzeug: „Dom Helder, kann ich Sie mitnehmen?“ Alle Welt kennt ihn. Wenn er eingestiegen ist, gleich ob in einen alten Volkswagen oder einen amerikanischen Wagen der Oberklasse, beginnt die Unterhaltung. So kommt er mit Taxifahrern, Familienmüttern und Geschäftsleuten ins Gespräch. Er stellt Fragen und hört zu, froh über diese Kontakte, die er nicht missen möchte.

Wie der treueste der Traditionalisten trägt dieser „subversive“ Bischof die Soutane. „Ich bin vielleicht einer der letzten“, sagte er einmal, „die daran festhalten. Aber so haben die Militärs, die an der Macht sind, wenigstens Respekt vor meiner Uniform.“ In den Vereinigten Staaten hatte er es einst mit dem „clergyman“ versucht, doch er fand, daß diese Aufmachung nicht zu ihm passe. Danach kam sie für ihn nicht mehr in Frage. An seiner Soutane finden sich keine violetten Spuren. Sein Brustkreuz ist aus Holz. Sein einziger Hirtenring ist der, den Paul VI. allen Konzilsvätern überreicht hatte. Er trägt ihn nur, wenn er die Eucharistie feiert. Er trägt keinen Hut; nur, wenn er das tropische Klima verläßt, schützt er sich gelegentlich mit einer Art Baskenmütze, einer Kopfbedeckung, die sehr wenig Kirchliches an sich hat, oder er mummt sich in einen großen Schal.

Er ißt sehr spärlich. „Er knabbert eher, als daß er ißt“, erzählt Robert Masson, der Herausgeber von *France catholique*. „Bei einem Essen, an dem er freundlicherweise einige Leute teilnehmen ließ, hat er uns alle beschämt. Sobald er ein Ei gegessen hatte, schob er den Teller beiseite. Er war mit dem Essen schon fertig, wir aber noch nicht ... Den Appetit hat er an jenem Tag verloren, als er am Fenster seines Eßzimmers eine Menge hungriger Gesichter hereinschauen sah ...“

Ein brüderlicher Mensch

„Kann ich Sie Monsignore nennen?“ fragte ihn Jacques Chancel zu Beginn der schon erwähnten Sendung *Radioscopie*. Dom Helder antwortete: „Sagen Sie: mein Bruder.“ Er hat einen ausgeprägten Sinn für die Brüderlichkeit. „Vor jedem menschlichen Geschöpf, gleich welcher Sprache, Rasse, Religion, kann und muß ein Christ denken: Das ist ein Bruder, das ist eine Schwester. Er kann und muß hinzufügen: ein Blutsbruder, eine Blutsschwester, denn dasselbe Blut Christi wurde für alle Menschen vergossen."

Unter all diesen Brüdern gilt seine Vorliebe den Kleinen, den Armen, denen, mit denen Jesus selbst sich identifiziert hat. Francis Mayor, der Leiter von *Télérama*, erzählt: „Eines Tages sagte Dom Helder unvermittelt: ‚Du weißt, ich habe Christus, den König, gesehen ...' Unwillkürlich kamen mir Bilder der Seher von Lourdes oder Fatima in den Sinn. Aber nicht dies meinte er. Er erklärte: ‚Ich war gerade in Recife angekommen und fühlte mich in dem erzbischöflichen Palais nicht recht wohl. Eines Morgens sah ich einen Armen an der Türschwelle stehen; gewiß war er ein Bettler. Er drehte seinen Hut in den Händen und wagte nicht einzutreten. Ich sagte zu ihm: Komm herein. Hab keine Angst, das ist dein Haus. Er aber rührte sich nicht. Ich wiederholte: Komm, du bist hier zu Hause. Dann ging ich zu ihm, nahm seinen Arm und ... setzte ihn auf den Thron des Erzbischofs. Und ich sagte: – Ja, das ist Christus, der König ... Ich habe ihn gesehen, ich schwöre es dir!'"

Vorliebe bedeutet nicht Ausschließlichkeit. Dom Helder bleibt offen für alle. Nie hat er den Dialog verweigert, nicht einmal mit den Militärs zur Zeit der Diktatur. Sicher, manche offiziellen Einladungen nahm er nicht an, bei denen seine Anwesenheit eine Anerkennung des Regimes bedeutet hätte. Doch für ein Gespräch oder einen Briefwechsel war er jederzeit verfügbar: „Ich antworte auf alle Briefe – bis auf die, in denen man ein Autogramm von mir will." Seine Vertrauten versichern, daß sie ihn nie schlecht über andere haben reden hören. Doch die Versuchung muß groß sein, wenn er sieht, wie seine Nachfolger sein Wirken ins Gegenteil kehren und beispielsweise die gesamte Equipe der *Landpastoral*, die er eingesetzt hatte, entlassen ... [15]

„Das Schönste für mich wäre es, wenn der Herr mir am Tag des Gerichts sagte: Du wirst nicht gerichtet, weil auch du deine Brüder nicht gerichtet hast." Als er einmal bekannte: „In meinem Herzen gibt es keine Spur von Haß", fragte jemand nach: „Wirklich nicht? Haben Sie nie Haß gegen jemanden empfunden, auch nicht, als man Ihnen verbot, in Ihrem Land zu reden, auch nicht, als Sie Todesdrohungen erhielten?" – „Nein, wirklich nicht. Aber wissen Sie, das ist nicht so sehr mein Verdienst. Wenn in meinem Herzen kein Haß aufgekeimt ist, dann deshalb, weil weder mein Vater noch meine Mutter ihn dort gesät haben. Nie habe ich bei ihnen auch nur den geringsten Haß gegen jemanden verspürt."

Gegen die Versuchung des Stolzes

„Herr, bewahre die Propheten vor der Versuchung, Könige zu werden!" betet Dom Helder. „Man läuft Gefahr, den Kopf zu verlieren, wenn das Volk in seiner Einfachheit beginnt, einen als außergewöhnlichen Menschen zu betrachten, als einen Heiligen. Zum Glück gibt es Methoden, sich davor zu schützen. Wenn ich zum Beispiel zu einer großen Zuhörerschaft sprechen soll, die mir schon zu Beginn applaudiert und zujubelt, dann wende ich mich an Christus und sage ihm ganz einfach: ‚Herr, das ist dein triumphaler Einzug in Jerusalem; ich bin nur der kleine Esel, der dich trägt.' Das Gegengewicht zu den Ovationen bilden die Kritiken. Ich habe gelernt, daß der Widerspruch mehr hilft als das Lob. Man muß ihn annehmen als eine Impfung gegen den Stolz. Sogar die Verleumdung muß man annehmen, besonders die Verleumdungen, auf die man nichts erwidern kann. Der Herr bedient sich dieses Mittels, um uns auf dem Weg der Armut weiter voranzubringen. Man kann sich nur dem Herrn anvertrauen, damit er, wenn er es will, den Widersacher überzeugt und die Verleumdung richtigstellt. Und der Herr bereitet uns wundersame Überraschungen!"

Dom Helder kann sich darauf verlassen, daß das Volk und seine Freunde ihm helfen, demütig zu bleiben. „Die Anekdoten und Witze, die sie über mich erzählen, sagen oft mehr aus als lange Reden.“ Den folgenden hat er selbst erzählt; er spielt auf sein vermeintliches Ansinnen an, ein Medien-Star zu werden: „Ich bin soeben gestorben und stehe vor der Himmelstür. Der heilige Petrus empfängt mich mit Begeisterung: Dom Helder, kommen Sie schnell herein! Die Freunde erwarten Sie schon, sie haben ein Fest vorbereitet ... Ich aber rühre mich nicht von der Stelle. Petrus ist verwundert: Dom Helder, so kommen Sie doch! Glauben Sie vielleicht, Sie hätten nicht die nötigen Dokumente? Regungslos bleibe ich stehen. Der gute Petrus kann es nicht fassen: Alle Welt will hier so schnell wie möglich eintreten, und Sie bleiben draußen ... Dann, so erzählt die Geschichte, blicke ich mich nach allen Seiten um, und als ich niemanden sehe, wende ich mich mit leiser Stimme an Petrus: Heiliger Petrus, haben Sie nicht vergessen, die Presse einzuladen?“

In Wahrheit sind es die Medien, die ihn bestürmen. „Die Fernsehsender reißen sich um ihn“, bezeugt Francis Mayor, „wir nennen ihn im Scherz *Vater Kamera*.“

Die Nachtwachen

Wenn Dom Helder gegen 23 Uhr zu Bett geht, stellt er seinen Wecker auf zwei Uhr. In der Stille der Nacht, wenn kein Telefon läutet und keine Besucher mehr kommen, öffnet er seine Zimmertür, die auf den Chor der Kirche zeigt, und betet zwei Stunden lang. „Dies habe ich mir schon im Seminar zur Gewohnheit gemacht. Ich hatte mich entschieden, mich vorbehaltlos Gott und meinem Nächsten zu schenken. Ich merkte, daß dies nur möglich ist, wenn ich mir Zeit nehme, um den Herrn zu hören und zu ihm zu beten. So habe ich seither eine günstige Veranlagung ausgenutzt, die Gott mir geschenkt hat:

daß ich ohne Schwierigkeiten wach werde und später ebenso schnell wieder einschlafe. Man denke bloß nicht, daß ich ein großer Büßer wäre! Es ist für mich kein Opfer, sondern nur ein ‚Wachen und Beten'. Wir würden unserer Seele ein Unrecht antun, wenn wir ihr nicht die Gelegenheit gäben, wieder zu Kräften zu kommen, so wie wir ja auch unserem Leib Erholung gönnen. Während des Tages bin ich allen möglichen Zerstreuungen ausgesetzt. Meine Augen, meine Arme, meine Beine ziehen mich in die verschiedensten Richtungen, und Gott allein weiß, wohin es meinen Kopf zieht. In diesen kostbaren Momenten der Nacht versuche ich, zur Einheit meines Seins, meines Lebens zu finden, zu jener Einheit, die seit unserer Taufe in Christus liegt.

Einmal *eins* sein mit Christus, welche Freude! Wir können dann mit *unserem* Vater sprechen, im Namen aller Menschen von überall und allen Zeiten ... Wenn wir *eins* sind, beten wir unseren Vater an (und dabei denke ich gern an das Schönste, was ich erlebt habe). Wir danken ihm und bitten ihn um Verzeihung (und ich liebe es, dann zu sagen: Herr, ich bin wirklich ein Botschafter der menschlichen Schwäche, denn alle Sünden, die begangen wurden, habe ich ebenso begangen oder hätte sie begehen können). Wir bringen ihm die Bitten der Menschen, unserer Brüder.

Mit Christus zusammen lebe ich von neuem meine Begegnungen des Tages. Ich habe erneut die Familienmutter vor mir, die mir ihre Probleme mit ihrem Mann, den Kindern, dem Hunger zu Hause erzählt hat. Ich sehe wieder den Arbeiter, der dort auf der Straße den Müll einsammelte. Er wagte nicht, mir die Hand zu geben; fast mußte ich ihn zwingen: ‚Mein Freund, was unsere Hände schmutzig macht, das ist nicht die Arbeit, sondern der Egoismus.' Dieser Mann dort, dieser Francisco oder Antonio, erinnert mich an die Arbeiter der ganzen Welt. Dann sage ich zu unserem Bruder Christus: ‚Herr, zweitausend Jahre nach deinem Tod gibt es noch immer so viel Schlechtes und so viel Ungerechtigkeit!"

Während der Nachtwachen schreibt er Gebete, Gedichte und Meditationen. Er rezitiert die Morgenandacht aus dem französischsprachigen Brevier. Dabei weiß er sich mit den Mönchen und Ordensfrauen verbunden, die in aller Welt ihr nächtliches Stundengebet singen. Nach der Nachtwache gönnt er sich noch eineinhalb Stunden Schlaf; dann zelebriert er in aller Frühe in der Kirche *Das Fronteiras* – die keine Pfarrkirche mehr ist – die Messe. Dorthin kommen Arme, Leute aus dem Viertel, Ordensleute und Gäste, die er oft im Anschluß an den Gottesdienst zu einer Tasse Kaffee einlädt.

Eine beständige Gegenwart

„Woher nehmen Sie diesen Eifer, Dom Helder?" fragte ihn Jacques Chancel. „Aus der allmorgendlichen Messe. In der Eucharistie haben wir eine persönliche Begegnung mit Christus. Es ist wahr, daß er auch vorher in uns ist, aber wenn wir das eucharistische Brot essen, wird seine Gegenwart noch stärker." Bei anderer Gelegenheit bekannte er: „Jeden Morgen ist es, als wäre es meine erste Messe. Die Messe ist der Höhepunkt jedes Tages, sie begleitet mich während des ganzen Tages." Wie Mutter Teresa könnte er sagen: „Ich nähre mich von Christus jeden Morgen in der Eucharistie. Dann begegne ich ihm während des Tages in meinen Brüdern. Es ist derselbe Christus auf dem Altar und auf der Straße."

Wenn Dom Helder tagsüber einen Augenblick zur Ruhe kommt, wird er sich neu bewußt, daß Christus immer gegenwärtig ist. In solchen Momenten findet er neue Kraft. So an einem Abend im Oktober 1977, als er in Lille eine Konferenz zu halten hatte. Im überfüllten Sportpalast warteten zehntausend Personen auf ihn. Dom Helder hatte einen anstrengenden Tag hinter sich. Am Morgen war er noch in Athen, am Nachmittag hatte er ein dichtgedrängtes Programm, und am Abend aß er nur eine viertel Scheibe Schinken. Man sah ihm die Müdigkeit an, als er um Viertel vor acht auf die Bühne trat und einige Leute begrüßte. Dann zog er sich wieder zurück. Einer der Anwesenden erzählt: „In sich gesunken saß er in einer dunklen Ecke. Er schien völlig erschöpft von den vielen Begegnungen, die er an diesem Tag gehabt hatte. Besorgt gingen wir zu ihm, um ihn zu fragen, ob er eine Stärkung brauche. Aber wir haben nichts gesagt, als wir sahen, daß er ganz im Gebet versunken war. Er kniete auf dem nackten Zementboden; eine gute Viertelstunde nahm er nichts von dem wahr, was um ihn herum geschah. Als er wieder aufstand, um zu der jubelnden Menge zu sprechen, strahlte er. Jede Spur von Anstrengung war gewichen."

Eine franziskanische Seele

Dom Helder hat eine Vorliebe für die Heiligen Vinzenz von Paul und Franz von Assisi. Ein Wort von „Herrn Vinzenz" hat es ihm besonders angetan: „Man muß sich durch die Liebe das Recht erobern zu geben." Mit Franziskus, dem *Poverello*, verbindet ihn die Liebe zur Natur und zu den Geschöpfen. „Wir sind auch Brüder der Gesteine: Auch wir nehmen Raum ein und unterliegen dem Gesetz der Schwerkraft. Wir sind Brüder der Pflanzen: Wir entstehen, atmen, nehmen Nahrung auf, wachsen und sterben. Wir sind Brüder der Tiere: Sie leiden, sie hören, sie sehen wie wir. Wir haben teil an der Natur der Engel und selbst an der Intelligenz und an der Schöpfermacht Gottes." Er preist „unsere Schwester Erde": „In unserer kleinen Galaxie ist sie nicht mehr als ein Staubkorn. Aber für immer behält sie die Ehre, daß sie für die Menschwerdung des Sohnes Gottes auserwählt wurde ... Wir ehren nie genug die Intelligenz und schöpferische Phantasie des Herrn, der Milliarden von Sternen geschaffen hat, damit sie aus der Ferne leuchten und in der Nacht die Menschen erfreuen ... Wenn die Menschen einmal auf anderen Planeten landen werden, können sie vielleicht besser die Größe und Großzügigkeit des Herrn ermessen, die alle Vorstellung übertrifft."

Von einem Heiligen, der traurig ist, sagt man, er sei „ein trauriger Heiliger". Auf Dom Helder trifft dieses Wort nicht zu. Die Freude leuchtet auf seinem Gesicht. An einem Tag im März 1975, auf dem Weg von Grenoble nach Lyon, vertraute er einem seiner Mitfahrer an: „Ich habe mit Gott einen Pakt der Freude geschlossen. Ich erneuere ihn viermal im Jahr: am dritten Adventssonntag (Gaudete), am vierten Sonntag der Fastenzeit (Laetare), am 15. August und am Fest des heiligen Franziskus."

Auch Dom Helder hat seine *fioretti*. Er ist ein Liebhaber der Rosen. In seinem Garten blüht ein Rosenstock. „Als ich eines Morgens das Haus verließ, bemerkte ich, daß Ameisen die Blätter meines Rosenstocks gefressen hatten. Das war schlimm. Ich beugte mich nieder und nahm eine Ameise. Ich hielt sie fest in der Hand und schaute ihr tief in die Augen. Warum frißt du meine Rosen? fragte ich sie. Sie aber erteilte mir eine Lektion. Zitternd blickte sie mich an und antwortete: Warum solltest nur du das Recht haben, die Rosen zu lieben?"

In seiner kindlichen Einfachheit pflegt er ungeachtet aller Diskussionen der Theologen eine besondere Verehrung seines Schutzengels. „Da ich seinen richtigen Namen noch nicht kenne, nenne ich ihn José. So nannte meine Mutter mich, wenn ich in Schwierigkeiten war: Mut, José! rief sie mir dann zu." In schwierigen Augenblicken ist „José" zur Stelle. So war es am 21. Dezember 1950, als Dom Helder seine erste Begegnung mit Msgr. Montini, dem späteren Papst Paul VI., hatte. Er wollte ihn davon überzeugen, daß man eine brasilianische Bischofskonferenz schaffen müsse. In der Nacht vor der Audienz stand er zur gewohnten Stunde für die Nachtwache auf. Plötzlich merkte er, daß Blut aus seinem Ohr floß. Als am Morgen darauf ein brasilianischer Seminarist zu ihm in die Messe kam, stellte er fest, daß er nichts hörte. „Da habe ich zu José gesagt: Wenn der Plan einer Bischofskonferenz nur eine fixe Idee von mir ist, kannst du mich stumm und taub sein lassen. Aber wenn es der Plan des Herrn ist, gestatte, daß ich wieder hören und mich verständlich machen kann. José hat bestens funktioniert. Ich konnte wieder normal hören. Doch als ich den Vatikan verließ, verlor ich wieder das Gehör; ich mußte mich durch Zeichen und kleine Zettel verständigen. Es war ein beginnender Riß des Trommelfells."

Wie eine Mutter für ihn: Maria

Wie vielen Christen liegt Dom Helder sehr an der Beziehung zu Maria. Er weiß sich als deren Kind. Mit feinfühligen Worten wendet er sich an sie; er möchte ihr Dichter, ihr Sänger sein.

> Du, reinste Morgenröte,
> bringst uns die Sonne der Liebe.
> Dein Sohn ist schon geboren,
> und doch bleibst du schwanger,
> voll der Gnade, voll von Gott.
> Die Fülle, die du in dir trägst,
> ist übergroß:
> Mit jedem Schritt, jeder Geste, jedem Gedanken
> läßt du sie auf uns überströmen,
> du, der Gnade ewiges Gefäß.
> Dein Bild begleitet mich
> den langen Tag hindurch.
> Wie die Klänge einer sanften Melodie
> durchdringt es ihn mit seiner Schönheit,
> wie zarter Duft umhüllt es uns
> in jedem Augenblick ...

Da sie die Mutter aller Menschen ist, einschließlich der Sünder, hat Dom Helder einige Anrufungen an die Marienlitaneien angefügt:

Unsere Liebe Frau der Abtrünnigen,
Königin der Häretiker . . .,
bitte für uns . . .
Du Stärke der Schüchternen,
Stütze der Genesenden,
Schlaf der Schlaflosen,
Ruhe der Umherirrenden,
bitte für uns . . .
Du Mutter der Huren,
Rettung der Zyniker . . .,
bitte für uns . . . [16]

In Maria sieht er die drei göttlichen Tugenden verkörpert:

Glaube,
denn in dir finden sich
alle Geheimnisse unseres Glaubens.
Du bist die Tochter des himmlischen Vaters,
die Mutter Jesu Christi
die Braut des Heiligen Geistes!
Hoffnung,
denn ich weiß nicht,
was aus uns würde
ohne die Fürsprecherin,
die vor dem Richtenden für uns eintritt.
Liebe,
denn du weißt besser als ich,
daß voll der Gnade sein
auch heißt:
voll der Liebe sein. [17]

Der Mutter der Kirche empfiehlt er die Einheit der Christen:

Mutter,
mit wieviel Liebe hast du

das Gewand deines Sohnes Jesus geflickt!
Füge auch heute
das Gewand deines Sohnes zusammen,
bessere aus, liebe Mutter,
das symbolische Kleid,
das deine Hände einst gewebt haben.[18]

Dom Helder teilt die Marienfrömmigkeit seines Volkes: „In Lateinamerika läßt man nichts auf Maria kommen. Selbst jene, die an ihrem Glauben zweifeln oder sich für Atheisten erklären, verehren sie. Manche Brasilianer verwechseln die Jungfrau Maria und Iemanja, die Meeresgöttin. Wenn ich am 8. Dezember die großen Volksscharen sehe, die sich zum Fest der Unbefleckten Empfängnis versammeln, glaube ich, daß zwei Drittel an Iemanja denken. Es ist eine Mischung aus afrikanischer Religion und Christentum. Aber Maria kennt ihre Kinder."

Zur Erklärung fährt er fort: „Manchmal klopfen Besucher an meine Tür und rufen: Dom Helda! Dom Hebe! ... Mit allen möglichen Namen rufen sie mich. Es ist nicht Schuld der Leute, daß mein Name für sie ein wenig schwierig ist. Sollte ich deshalb sagen: Der ist nicht hier. Hier wohnt kein Dom Helda oder Dom Hebe ...? Nein, es ist nicht nötig, daß einer meinen Namen fehlerfrei ausspricht, damit ich weiß, daß man mich ruft. Dann ist es doch sicher auch für die Mutter Gottes, die Mutter der Menschen und der Sünder, kein Problem, wenn die Leute nicht klar unterscheiden zwischen ihrem Namen und dem von Iemanja."

Den Tod vor Augen

„Heilige Maria, bitte für uns ... in der Stunde unseres Todes." Wie oft hat Dom Helder wohl dieses Gebet an die Muttergottes gerichtet! „Ich weiß nicht, wann ich sterben werde, aber ich bitte den Herrn, daß ich die verbleibende Zeit, ob sie nun lang oder ganz kurz ist, gut nutze. Es kommt nicht darauf an, wie lange das Leben dauert. Ich denke an die Rose; auch wenn sie nur einen Tag blüht, würde doch niemand sagen, daß sie mißraten sei. An einem einzigen Tag verwirklicht sie die Fülle der Gaben, die der Herr ihr geschenkt hat. Er hat sie geschaffen, damit sie uns mit ihrer Schönheit erfreut und einen Tag lang ihren Duft verströmt. Der Tod ängstigt mich nicht. Nicht, daß ich dächte, ohne Sünde zu sein, aber meine Devise heißt: *In manus tuas*, ‚In deine Hände, Herr'. Den Händen des Vaters kann ich mich mit absolutem Vertrauen überlassen. Er kennt mich besser, als ich mich selbst kenne, und weiß genau, daß es in mir sehr viel mehr Schwäche als Bosheit gibt. Das gibt mir eine ganz große Hoffnung."

Wann wird er kommen, der „Bruder Tod"? „Im Augenblick geht noch alles gut. Ich ertrage immer noch die Reisen, die einem wahren Marathonlauf gleichen. Aber das Herz sagt mir, daß der Moment gekommen ist, mich auf die letzte ‚Landung' vorzubereiten. Ich denke an Christoph Kolumbus, an seine Freude, als er in der Ferne Land sichtete. So schenkt das Alter die Hoffnung, bald das verheißene Land zu erreichen."

Zeichen der Hoffnung

In seiner Wohnung im Schatten der Kirche *Das Fronteiras* habe ich ein letztes Gespräch mit Dom Helder Camara. Er spricht von der Zukunft: „Viele Zeitgenossen fürchten sich vor dem neuen Jahrtausend. Für uns Christen stellt es eine große Herausforderung dar. Es ist das dritte der christlichen Ära. Wir müssen uns fragen, was wir in zwanzig Jahrhunderten aus der Botschaft und dem Beispiel Christi gemacht haben. Eine der traurigsten Feststellungen ist die, daß die wenigen Länder, die immer noch die reichsten sind und den größten Teil der Menschheit beherrschen, zumindest von ihrem Ursprung her christlich sind. Und der christliche Teil der armen Länder wiederholt dieselben Ungerechtigkeiten wie die Christenheit in Europa und Nordamerika."

Doch neben diesen Schattenseiten sieht Dom Helder auch Zeichen der Hoffnung; auf vier Hoffnungszeichen geht er näher ein. „In jedem Land, in das ich gehe, treffe ich Menschen, einzelne und Gruppen, die unabhängig von ihrer Rasse, ihrer Religion und Ideologie etwas gemeinsam haben: die Sehnsucht nach Gerechtigkeit und Frieden, die sie antreibt, an einer gerechteren Welt zu bauen. Sie empfinden sich als Teil der einen Menschheitsfamilie. In einem brasilianischen Lied, das ich sehr liebe, heißt es: Wenn man alleine träumt, ist das nur ein Traum. Wenn man gemeinsam träumt, ist das schon Wirklichkeit. Utopien, die von vielen geteilt werden, sind die Triebfeder der Geschichte." Daß sich in aller Welt Menschen für die gleichen Ziele einsetzen, spricht Dom Helder dem Wirken des Heiligen Geistes zu, „der dann am stärksten weht, wenn die Welt sich in einer Sackgasse befindet".

Ein zweites Zeichen der Hoffnung sieht Dom Helder in den gewaltlosen Aktionen in aller Welt. Er sieht in der Gewaltlosigkeit ein zentrales Anliegen des Evangeliums. Eine Reihe von Persönlichkeiten, die sich auf die Gewaltlosigkeit berufen, sind mit dem Friedensnobelpreis ausgezeichnet worden: Martin Luther King, die Irländerinnen Betty Williams und Meraid Korrigan, Adolfo Perez Esquivel, Desmond Tutu und Lech Walesa, der gesagt hat: „Die Gewaltlosigkeit wird die Waffe des 21. Jahrhunderts sein." Auch Nichtchristen setzen auf sie. Camaras Freund Leonid Pliouchtch erklärte nach seiner Befreiung aus einer psychiatrischen Spezialklinik bei der Ankunft in Frankreich: „Die gewaltsamen Kämpfe sind unfruchtbar; sie bringen nur blutige Diktaturen hervor, sei es von rechts oder links. Meine Hoffnung richtet sich auf einen gewaltlosen, friedlichen Kampf . . ."[19]

Die geistliche Erneuerung

Ein weiterer Grund zur Hoffnung liegt für Dom Helder in der geistlichen Erneuerung. Ein eindrückliches Beispiel dafür ist die charismatische Bewegung. „Der Heilige Geist war für viele Christen etwas ungreifbar Fernes, jemand, der in der Vergangenheit eine gewisse Rolle spielte, bei der Schöpfung und an Pfingsten. Nun bedient Gott sich der charismatischen Erneuerung, um uns daran zu erinnern, daß der Heilige Geist immer da ist, daß er in der Kirche und in der Welt wirkt." Diese Bewegung ist eine Chance für die Kirche wie für die Welt – unter der Bedingung freilich, daß gewisse Gefahren vermieden werden: Man darf sich nicht in den Charismen gefallen, auf sich selbst zurückziehen und dabei vergessen, daß Kampf und Kontemplation zusammengehören.

In einem Buch, das er zusammen mit seinem Freund Kardinal Suenens verfaßt hat[20], wendet sich Helder direkt an seine „charismatischen Brüder": „Ich lade Sie ein, zugleich unter dem Antrieb des Geistes zu leben und sich von ihm in das Herz der Welt führen zu lassen, ins Herz der Probleme der Menschen. Die Charismen sind nichts, wenn sie nicht im Dienst der Liebe stehen. Man muß beten *und* handeln. Unterstützt diejenigen, die ihre unterdrückten, geknechteten Brüder in einer so schlimmen Lage sehen, daß sie ihnen noch vor der Evangelisierung ein menschenwürdiges Leben ermöglichen wollen. Evangelisierung und Humanisierung gehen Hand in Hand ... Ihr, die Ihr das Gebet liebt, seid wachsam, damit das Gebet niemals zum Alibi wird; es darf den apostolischen und sozialen Einsatz nicht ersetzen. Achtet darauf, daß Ihr nie diejenigen kritisiert, die – ohne die Ewigkeit zu vergessen – daran erinnern, daß die Ewigkeit hier und jetzt beginnt. Stützt Euch auf die Erneuerung im Geist, um der Kirche zu helfen, daß sie sich von allen Versuchungen zum Triumphalismus befreit und immer mehr zu einer lebendigen Präsenz Christi wird, im Dienst an den Menschen und zur Ehre Gottes ..."

Die Religionen und der Friede

Ein viertes Zeichen der Hoffnung ist für Dom Helder die Zusammenarbeit der Religionen im Dienst am Frieden. Eine aufsehenerregende Kundgebung war das Treffen der führenden Vertreter der Religionen in Assisi am 27. Oktober 1986, bei dem auf Einladung von Johannes Paul II. die Wortführer der großen Bekenntnisse aus aller Welt Seite an Seite gebetet haben. Sie standen stellvertretend für drei Milliarden Gläubige, das heißt für den Großteil der Menschheit. Sie bilden ein außergewöhnliches Kapital an Brüderlichkeit, denn jedes ihrer Glaubensbekenntnisse betrachtet die anderen Menschen als Geschöpfe Gottes. Man beginnt, mit Dom Helder zu träumen: Wenn alle Gläubigen der Welt ihren Glauben lebten, wenn alle sich die Hand reichten, welche Kraft des Friedens wäre das! ...

1968 wurde in Neu-Delhi die „Weltkonferenz der Religionen

für den Frieden“ gegründet. Seither hat sie mehrere Vollversammlungen abgehalten. 1985 in Nairobi sprachen die 600 Teilnehmer aus 60 Ländern über die großen Probleme unserer Zeit: regionale Konflikte, Abrüstung, Entwicklung, Menschenrechte. Sie zogen folgenden Schluß: „Der Glaube und die Hoffnung, die uns bewegen, müssen zu einer dynamischen Aktion im Dienste der Menschenwürde und des Friedens in der Welt werden.“ Dom Helder ist persönlich an dieser Initiative beteiligt. 1987 nahm er in Japan an einem weiteren Treffen von Führern der großen Religionen teil. Sein besonderes Interesse galt auch der Weltversammlung der Christen für „Gerechtigkeit, Frieden und Bewahrung der Schöpfung“, die 1990 in Seoul stattfand.

Wir leben in einer Zeit, in der das Werk des Schöpfers vielfach bedroht ist. Dom Helder sagt, was er angesichts dieser Situation empfindet: „Gott, der Liebe ist, hat die Welt geschaffen. Der Sohn Gottes, der Liebe ist, hat sie befreit. Der Heilige Geist, der Liebe ist, erhält sie. Ich kann mir nicht vorstellen, daß diese Welt jemals dem Egoismus, dem Haß und dem Tod das letzte Wort überlassen könnte. Wenn Gott einst zu Zeiten der Pharaonen das Rufen seines Volkes gehört hat, wird er dann nicht heute den Schrei der Menschheit hören?“

Dom Helder vertraut fest darauf: Das letzte Wort wird die Liebe sein.

Anmerkungen

1 José de Broucker, Dom Helder Camara: La violence d'un pacifique, (Fayard) Paris 1969; dt.: Dom Helder Camara: Die Leidenschaft des Friedensstifters, (Styria) Graz 1969
Weitere verwendete Literatur:
Paysans du Brésil. Le temps des requins, (Cerf) Paris 1980
Tito de Alencar, Alors les pierres crieront, (Cana) Paris 1980
Charles Antoine, L'Amérique latine en prières, (Cerf) Paris 1981
ders., L'Eglise et le pouvoir au Brésil. Naissance du militarisme, (Desclée de Brouwer) Paris 1971
ders., Les Catholiques brésiliens sous le régime militaire, (Cerf) Paris 1988
Frei Betto, Les Frères de Tito, (Cerf) Paris 1989
Jean Toulat, Espérance en Amérique du Sud, (Perrin) Paris 1965
2 Elisabeth de Miribel, La mémoire des silences. Wladimir Ghika, Fayard
3 Helder Camara, Maria – eine Mutter auf meinem Weg. Betrachtungen und Gebete, (Neue Stadt) München 1985, 35
4 Yves Congar, Une vie pour la vérité, (Centurion) Paris, 137
5 Vgl. DIAL (Diffusion de l'Information sur l'Amérique latine) Paris, Mai 1972
6 DIAL 23.1.1973
7 Courrier Français, 16.1.1968
8 José de Broucker, Dom Helder Camara. La violence d'un pacifique, a. a. O., 121ff
9 Fragen zum Leben, (Pendo) Zürich 1984, 109f.
10 ebd., 110ff.
11 Rede in New York am 15.4.1953
12 Actes du Symposium *Responsabilité, partage, Eucharistie*, (Editions SOS), 293
13 Fragen zum Leben, a.a.O., 58f.

14 Jean Claude Thomas, Ils n'arrêterons pas le printemps. Communautés chrétiennes en Amérique latine, (Centurion) Paris 1985, 117
15 DIAL 29.9.1988
16 Helder Camara, Eine Mutter auf meinem Weg, a.a.O., 46
17 ebd., 34
18 ebd., 26
19 Libération, 9.2.76
20 Cardinal Suenens/Helder Camara, Renouveau dans l'Esprit et service de l'homme, (Lumen Vitae) Brüssel 1979

Literaturhinweise

Werke von Dom Helder

Revolução dentro da paz, (Sabia) Rio de Janeiro 1968; dt.: Revolution für den Frieden, (Herder) Freiburg 1969
Terzo mondo defraudato, (Ed. Missionaria Italiana) Mailand 1968
Pour arriver à temps, (Desclée de Brouwer) Paris 1970; dt.: Es ist Zeit, (Styria) Graz 1970
Spirale de violence, (Desclée de Brouwer) Paris 1970; dt.: Die Spirale der Gewalt, (Styria) Graz 1970
Le désert est fertile, (Desclée de Brouwer) Paris 1971; dt.: Hunger und Durst nach Gerechtigkeit, (Styria) Graz 1973
Gebet für die Reichen, (Pendo) Zürich 1972
Um olhar sobre a cidade, (Ed. Civilização Brasileira) Rio de Janeiro 1976; dt.: Selig die träumen, (Pendo) Zürich 1982
Mil razões para viver, (Ed. Civilização Brasileira) Rio de Janeiro 1978; dt.: Mach aus mir einen Regenbogen, (Pendo) Zürich 1981
Gemeinsam mit Kardinal Suenens: Renouveau dans l'Esprit et service de l'homme, (Lumen Vitae) Brüssel 1979; dt.: Erneuerung im Geist und Dienst am Menschen, (Otto Müller) Salzburg 1981
Hoffen wider alle Hoffnung, (Pendo) Zürich 1981
Nossa Senhora no meu caminho, (Ed. Paulinas) São Paulo 1983; dt.: Maria – eine Mutter auf meinem Weg. Betrachtungen und Gebete, (Neue Stadt) München 1985
Des questions pour vivre, (Seuil) Paris 1984; dt.: Fragen zum Leben, (Pendo) Zürich 1984
L'Evangile avec Dom Helder, (Seuil) Paris 1985; dt.: Gott lebt in den Armen, (Walter) Olten 1986
Em tuas mãos, Senhor! (Ed. Paulinas) São Paulo 1986; dt.: In deine Hände, Herr. Gedanken und Gebete, (Neue Stadt) München 1987
Quem não precisa de conversão? (Ed. Paulinas) São Paulo 1987; dt.:

Schwester Erde. Lernen vom Schöpfer und seinen Werken, (Neue Stadt) München 1988

Über Helder Camara

José de Broucker, Dom Helder Camara: la violence d'un pacifique, (Fayard) Paris 1969; dt.: Dom Helder Camara: Die Leidenschaft des Friedensstifters, (Styria) Graz 1969
ders., Les Conversions d'un évêque, (Seuil) Paris 1977; dt.: Die Bekehrungen eines Bischofs, (Peter Hammer Verlag) Wuppertal 1978
José González, Helder Camara el Arzobispo Rojo; dt.: Dom Helder Camara – Bischof und Revolutionär, (Lahn-Verlag) Limburg 1971
Mary Hall, The Spirituality of Dom Helder Camara, (Christian Journals Limited) Belfast 1979; dt.: Dom Helder Camara oder Der unglaubliche Traum, (Herder) Freiburg 1982
Georg Moser, Gelebte Träume. Worte von Helder Camara und was sie mir bedeuten, (Herder) Freiburg 1986

Inhalt

Vom gleichen Autor:

Dom Helder Camara
SCHWESTER ERDE
Lernen vom Schöpfer und seinen Werken
80 Seiten, kartoniert
ISBN 3-87996-218-9

„Dom Helder Camara ist in aller Welt bekannt durch sein Engagement für die Armen. Was man vielleicht weniger kennt, zeigt dieses Buch: den Mann Gottes, der sich das Herz eines Kindes bewahrt und ein besonders inniges Verhältnis zu seiner ‚Schwester Erde' hat. Ein Geschenkbuch mit Texten zum Nachdenken – durchdrungen von einer Poesie, die nie den Bezug zur Wirklichkeit verliert."

Innsbrucker Kirchenzeitung

Dom Helder Camara
IN DEINE HÄNDE, HERR!
Gedanken und Gebete
48 Seiten, kartoniert
ISBN 3-87996-203-0

„Eine ungewöhnliche Verbindung von einfacher, fast kindlich naiver Sprache und religiösem Tiefgang. Grundlage dieser Meditationen, dieses ‚Sprechens mit Gott' ist ein wacher, kritischer Glaube, dessen Geisterfülltheit überzeugt und stärkt."

Fuldaer Zeitung

Dom Helder Camara
MARIA – EINE MUTTER AUF MEINEM WEG
Gedanken und Gebete
48 Seiten, kartoniert
ISBN 3-87996-236-7

„Diese vertrauensvollen und bewegenden Texte zählen zum Besten, was wir seit Jahren an marianischer Literatur kennengelernt haben."

Archiv für Liturgiewissenschaft

VERLAG NEUE STADT MÜNCHEN · ZÜRICH · WIEN